VISTA
PUBLISHING

VISTA
PUBLISHING

快讀228 增訂版

二二八短論集

李筱峰—著

目次 Contents

卷　二 | 屠殺

目次 Contents

■推薦序／彭明敏

　　一九四七年的二二八事件是台灣歷史上空前的慘劇。台灣一代菁英被消滅，無數無辜庶民被虐殺。幾乎每一個台灣人都有親族或朋友或朋友的朋友在此事件中被殺、失蹤、或入獄，可以說所有台灣人都是此事件直接或間接的被害者。

　　日本統治台灣五十年，台灣人雖曾有反抗可是規模不大，但中國統治僅二年即發生如二二八事件那種空前主動蜂起全面性反抗，理由何在，值得深思。

彭明敏教授蒞臨作者書房。

　　此事件對其後台灣人的心理以及政治發展有延續性的重大影響。其一：突顯台灣人和中國人的區別及互此的對立甚至敵視，且激發台灣獨立運動的發展。其二：成為國民黨在台灣實施長期戒嚴及白色恐怖統治，直到一九八〇年代後期萌生民主的基因之一。在此期間不知多少台灣青年，因其民主自由的理想而被捕、被關、被刑、被殺。每一代台灣人都應記住此事件，其發生原因及歷史意義，以強化認同台灣人的命運共同體的意識。

　　李筱峰教授以其基於深厚台灣主體歷史觀的研究和評論而著名，相關著作等身。對於二二八事件的深入研究，從而加強台灣認同意識的建立，貢獻深大，是我一向敬佩的台灣史學家。李教授現在將他幾年來發表在報章有關二二八事件的文章集結為書，深入淺出，使讀者，尤其使青少年對此歷史事件能更有系統地深入了解，極有意義。亦願有較多台灣人，一讀此書，能更加強台灣歷史常識。

彭明敏

二〇一六年一月二十五日寫

■推薦序／陳儀深

　　二〇一六年一月十六日台灣大選投開票揭曉當晚，蔡英文舉行記者會時擔任翻譯的年輕人趙怡翔（民進黨國際事務部副主任）表現稱職，引人注目。隨後媒體追蹤報導，提到他就讀加拿大約克大學期間，由於結識一位台籍女友，對方父親要求他暑假期間每天要讀台灣史學者李筱峰的專欄，早餐時向他報告心得……加上他參加蓬萊文教基金會的經驗，趙怡翔說：「以我的外省家庭背景，全家又移民國外，按理說是不可能接觸到這段歷史的。」、「那段時間的啟蒙，就像是一個本來不知道的世界，突然被我發現了。」

　　筱峰兄撰寫專欄的時間久遠、聲名遠播，其影響力從上述的例子可見一斑。

　　有關一九四七年台灣二二八事件的學術研究，乃是到解除戒嚴以後、尤其是九〇年代官方檔案開放、越來越多的口述歷史出版以後，才較上軌道，而筱峰兄出版《二二八消失的台灣菁英》（一九九〇年）、《島嶼新胎記：從終戰到二二八》（一九九三年）、《林茂生、陳炘和他們的時代》（一九九六年）都是具有先驅性、代表性的學術著作，這段期間正好是本土勢力日漸

茁壯，台灣民主化、國家化加快腳步的時期，二二八真相的揭露，讓台灣社會更清楚自己的身世，必然與此一政治發展趨勢互為表裡，知識分子筆桿之為用大矣哉！筱峰兄的作品可以為證。事實上這本《短論集》所蒐集的文章，橫跨一九八九年自立早報的〈天安門事件中的二二八模式〉以至二〇一一年的〈從「狗去豬來」到三隻小豬〉，就是不斷和社會時局對話的過程，當政治人物要人們「走出悲情」，筱峰兄有感於基本的公益是非仍然混沌不清，反而呼籲年輕人「走入悲情」。此外，關於二二八的死亡人數、責任歸屬，是否為「大屠殺」等等觀念，與我本人、陳翠蓮以及故去的張炎憲看法相同，我們事實上也都是《二二八事件責任歸屬研究報告》（二〇〇六年）的共同作者。

二二八的學術研究其實還有很多空間，例如二〇〇八年中研院台史所購得的保密局二二八史料，是事件當時佈建台灣各地的情治人員與台灣站主管之間的密報，我們有十幾個來自院內外各學術單位的研究者，在許雪姬教授的主持之下，迄今每個月利用一個下午針對這批史料進行解讀，成果之一是去年六

月已經出版的《保密局台灣站：二二八史料彙編（一）》，其中對於高雄台南台中嘉義新竹台北乃至花東的二二八實況，都有一些令人驚訝的訊息。看檔案是很辛苦的事，我和筱峰兄都已經年逾花甲，相信他的心情和我一樣：呼喚更多的年輕人來投入二二八研究！

恭喜筱峰兄剛好選在二〇一六年初——中國國民黨確定將徹底下台的此時，出版他的《二二八短論集》；承蒙他的看重，要我寫序，以上是我的讀後感，希望不辱使命。

國史館館長　陳儀深
二〇一六年一月二十日寫於南港中研院近代史研究所

■推薦序 / 陳翠蓮

在血地上開出繁花

　　一九八六年，李筱峰先生所著的《台灣戰後初期的民意代表》一書出版，這是第一本以二二八事件為主題所撰寫的學位論文。由於還在戒嚴時期，二二八事件被當局視為言論禁忌，作者巧妙地避開敏感字眼改寫成專書，順利出版，一時之間，洛陽紙貴。

　　當時還在台大政治學研究所碩士班就讀的我，忙不迭地買來細讀，想要解開心中的謎題。受國民黨政府教育長大的我，高中之前是個不折不扣的黨國青年，每每在政治議題上與父親發生衝突。父親看著孩子書讀愈高，頭腦愈不清楚，與他的距離也愈來愈遠，心痛之餘，總是忍不住提到「二二八事件」。但是話到嘴邊，就被母親驚惶阻止。「二二八事件」像個神秘的圖騰吸引著我，曾經在學校圖書館搜尋、挖掘，也從王育德、史明的禁書中尋找答案。

　　李筱峰先生不畏禁忌，在戒嚴時出版二二八專書，對於二二八研究具有開拓之功，更是我知識上的導師。日後，我追

隨李筱峰先生的腳步研究此課題，在一九九四年夏天提出第一本以二二八事件為主題的博士論文，取得台大政治學研究所博士學位。

　　往後的日子裡，我們兩人在工作上與研究上有密切的互動。一九八七年我考入自立晚報社擔任記者，我所景仰的李筱峰是政治經濟研究室研究員，兩人竟然成為的報社同事。接著，李筱峰先生進入世新大學教書，我隨後進入淡江大學專任，還很巧合地接下他在公共行政學系所開授「台灣政治史」的課程。因為關心課題、研究主題相近，我們有許多合作的機會。作為學術先進的李筱峰教授，對我更是不吝提攜、多方抬舉，令人感激在心。

　　李筱峰教授對台灣史研究孜孜不倦，尤其，二二八事件是他最為關注的課題，陸續書版專書。除了一九八六年的《台灣戰後初期的民意代表》，他又與張炎憲教授合編《二二八事件回憶集》（一九八九年，稻鄉），又出版了《二二八消失的台灣菁英》（一九九〇年，自立晚報）、《林茂生、陳炘和他們的時代》（一九九六年，玉山社）、《畫說二二八》（一九九七年，海洋台灣）、《解讀二二八》（一九九八年，玉山社）、《二二八事件の真相》（二〇〇三年，蕭錦文譯）、《唐山看台灣：二二八事件前後中國知識份子的見證》（二〇〇六年，日創）、《二二八事件》（二〇〇九年，莎士比亞），去年完成《二二八

消失台灣菁英》增補版（二〇一五年，玉山社）。這本《二二八短論集》是他第十一本與二二八事件相關的書籍。

本書與前述各種二二八專書不同之處在於，第一，這是以李教授在各報刊發表的專欄文章為主，集結而成。學術專著偏重史料考證、講究細節推演與邏輯論證，對讀者而言，形成較大負擔。本書各篇文章立基於李教授堅實的研究基礎上，但透過淺顯易懂的文字，便於讀者親近、吸收，是普及史學的最佳示範。第二，書中各篇章形成一完整的架構，卻又能回應時事、與當前政治課題進行對話，作者所強調以台灣為主體的歷史觀，一再提示「以史為鑑」的例證，足以發人深思。

二二八事件是近代台灣的傷痛印記，是戰後歷史的闇黑起點。研究這段傷痛的歷史，李筱峰教授不時飽受椎心瀝血、唏噓淚下之痛，一切努力，只為提示台灣社會記取教訓，重建尊嚴。感謝李筱峰教授的努力，台灣社會已逐漸走出噤聲恐懼，年輕世代正在改變，我們已然看見所深愛的台灣，在二二八的血地上綻開出自由民主的繁花。

國立台灣大學歷史學系教授　陳翠蓮

■ 自 序

　　本書《快讀228》原本由「允晨文化」於二○一六年出版，出版一刷後售罄，沒有再刷，因此絕版。因考慮這是一本可以快速了解二二八事件的入門書，而二二八事件又是第二次大戰後台灣史上的最重大事件，其影響至今，台灣人不能不知。因此，我取得原出版者「允晨文化」出版公司負責人廖志峰兄的首肯，拿回版權，於事隔七年的今天，交由歷史悠久的遠景出版社重新增訂再版。

　　這是一本關於二二八事件的短論集，收集我數十年來在報章雜誌及網路上關於二二八歷史的敘述與評論的文章。這次的重新再版，又增加了七年來新寫的數篇文章及照片。

　　感謝允晨志峰兄的承讓，也感謝遠景葉總編輯的接手。

　　緬懷在一九四七年背負台灣歷史苦難的先人前輩。在此書再版之際，我期望全體台灣人能從歷史中記取教訓，勿讓悲劇重演！

　　二○二三年十一月寫於國立台北教育大學台灣文化研究所

二二八事件綜述

　　二次大戰結束後，擺脫日本殖民統治的台灣人民，將希望寄託在海峽對岸的中國，熱烈迎接這個心目中的「祖國」。沒想到，真正的中國降臨台灣後，他們才發現這個中國與心目中的「祖國」相差甚遠，簡直難以適應。

　　新來的中國政權以「征服者」的心態臨駕台灣，首先，無視於台灣人早有追求民主自治的歷史經驗，在台灣設立了無異於日本總督府的「台灣行政長官公署」的制度，是集行政、立法、司法、軍事等大權於一體，無異是日本殖民統治的延續。在「台灣行政長官公署」的新殖民體制下，大陸人壟斷權位，牽親引戚、苟且循私，外行領導內行，「接收」變成「劫收」，官場貪污腐化之風，立刻讓台灣人民開了五十年未開之眼界。

　　在經濟方面屬行全面壟斷的統制經濟。標榜「國家社會主義」的行政長官陳儀，有鑑於日治時代專賣制度成效卓著，因此不顧本身的政治文化與官場陋習，一味沿襲。對樟腦、火柴、酒、菸、度量衡等物品全部納入專賣。此外尚有許多民生物資，則由專賣局之外的機構來屬行統制，無論從交通、運輸、堆棧、農產品、漁業畜牧、鋼鐵、電力、水泥、機械造船、石油、工程、

終戰之初，台中車站前歡迎國民政府的牌樓。

造紙、印刷、紡織、磚瓦、油脂、電工器材、化學藥品、製鹽等等，無一不在統制之列。統制經濟如果能公事公辦，亦非不可取。但是，偏偏在「紅包通神」的官場文化下，官商勾結，或亦官亦商，使得許多違禁的進出口品能夠自由進出，官商從中獲取暴利。這套伴隨著貪污文化的經濟統制措施，帶給台灣的禍害是至為明顯不過了。尤以米糧的短缺，造成民生的痛苦、社會的不安為最顯著。而米糧的短缺，除了因為應付國共內戰，在台灣強徵米糧以支援國府軍之外，又因為官商勾結，囤積米糧、哄抬物價，有以致之。以台北市零售米價上漲情形來看，從終戰到二二八事件前，一年四個月之間，台北市零售米價漲了四百倍。台灣的財富受到有系統的掠奪，日本人所留下的兩百三十七家公私企業，六百多個單位，統統納入台灣省行政長官公署所屬各處局所設的二十七家公司來經營。加以「外行領導內行」，以及人謀不臧，因此生產力大降，戰後第一年的生產指數，竟不及戰前的一半，台灣人享受到比戰前更民不聊生的果實。失業人口激增，六百多萬人口的台灣，就有四十萬到八十萬失業人數的紀錄。

而社會上，盜賊橫行，軍憲紀律敗壞。許多來自中國大陸的軍人，除偷竊之外，耍賴、威脅、詐欺、恐嚇、調戲、搶劫、殺人……無所不為，欺民擾民，作威作福，一派土匪作風，令台灣民眾痛心疾首。一九四六年，台灣社會已經動盪不安，軍

軍政集權制度下·置台胞於水火中

陳儀然儼南面王

· 留滬台胞不甘坐視發出吼聲 ·

眞豈有此理也！
竟擅自設立銀行

一九四六年八月二日上海《僑聲報》報導暴政的新聞。

人開槍滋事，與民眾衝突的案件，屢見不鮮。因此，國民政府接管台灣第二年，社會治安嚴重惡化，一年之間刑事案件增加二十八倍。

總之，經過一年半的蹂躪與掠奪，台灣社會倒退了三、四十年。因此，在所謂「光復」的一年四個月後，終於爆發了二二八事件。

一九四七年二月二十七日晚，台北市延平北路發生專賣局查緝員打傷女煙販並釀成槍擊民眾致死命案，二十八日台北市民向相關機關抗議未果，反遭行政長官公署機槍掃射，情勢一發難收，擴及全島，各地蜂起，全島騷動。事件的發展循著兩條路線進行，一為武裝抗爭路線，一為政治交涉路線。前者指的是出現在各市鎮的武裝民兵，對憲警機關的攻擊行動；後者則是由民意代表及地方士紳組成的「二二八事件處理委員會」，

一九四六年二月一日出刊的《新新》月報上面的漫畫，反映當時台灣米荒的癥結。「買溜」係日文，意即「囤積」。

一九四六年五月三十日出刊的《新新》月報上面的漫畫，反映當時台灣民生困苦的情形。

與行政長官陳儀交涉善後處理事宜，進而提出政治改革要求。在「二二八事件處理委員會」的交涉與斡旋之下，情況漸趨穩定，然而，陳儀對於「二二八事件處理委員會」提出的政治改革，表面上虛與委蛇，宣稱民眾如有任何意見，可經由處理委員會反映，他會盡量接納改進，但一方面卻打電報向南京中央政府請兵來台。國府主席蔣介石聽信在台軍政特務人員一面之詞，貿然派兵來台。三月八日晚，國府軍隊奉派抵台，展開鎮壓，釀成屠殺，繼之以「清鄉」之名，進行全島性捕殺，台灣社會菁英犧牲殆盡，民眾傷亡慘重，死亡人數約一萬至兩萬人。

二二八事件帶給台灣的，不只是家破人亡的悲劇而已，還

為台灣往後的政治與社會，種下既深且鉅的影響：一方面，台灣人的性格受到嚴重的扭曲，過去一直在外來殖民統治下的台灣人，顯得更加卑屈自辱，處處都要表現其不敢違抗統治者以求安全自保的奴隸性格；另一方面，台灣人民對政治產生恐懼、灰心、失望。這種對政治的恐懼感與冷漠感，有利於國民黨的一黨專政，不利於民主憲政的發展；再者，台灣社會領導階層架空，便利國民黨的統治。許多劫後餘生的社會菁英不願再與聞政治，地方政治體質改變，劣幣驅逐良幣，土豪劣紳、黑道流氓、地方政客，逐漸進入地方政壇。台灣的黑金政治在二二八事件之後早已埋下伏筆。

二二八事件爆發，抗議民眾將公賣局台北分局內的文件拋出焚毀。

　　撫今追昔，二二八的歷史應給我們深切的教訓與啟示：一九四五年的所謂「台灣光復」，是台灣與中國的一次「統一」。一九四七年的二二八事件，則是這次「統一」的後遺症。引起這個後遺症的主要癥結，在於台灣與中國兩個社會的差距太大，體質不同，彼此適應不良。這種適應不良，可說是文化水準較落後的一方，統治文化水準較高的一方，所產生的壓制與反抗的循環過程。今天，大陸上的中華人民共和國無論是政治制度、社會結構、法律系統、文化內涵、生活價值、人權指數……，都與台灣迥然互異。台灣若再被「統一」，真令人擔心二二八事件又要重演！他們甚至明言，要「留島不留人」，台灣的下場勢必更慘於二二八事件！台灣全體住民能不從歷史與現實中展望未來嗎？

延平路昨晚查緝私烟隊
開槍擊斃老百姓

查緝隊員用槍口擊傷賣烟婦人，群情昂奮要求賠醫藥費

36.3.1 民報，竟肇起慘事！

【本報訊】昨省貿忽又發生查緝私烟警員開槍擊斃人命：事緣二十七日晚八時許，專賣局緝私股及警察大隊約有二十餘名，馳卡車到天馬茶房附近，開始緝私烟小販，其時查緝情況：濫捕濫日擊人詬，現有婦人名林江邁哀哀求憐，聲勢洶湧如虎似狼咄咄迫人，將在場所有香烟逃至小販手中現款悉數強奪，時有哭訴，她生活血本全靠此被沒收之香烟，懇其實赦發還，詎知一老百姓現在林外科留醫）竟（不但不予稽耳，反將槍口擊傷她頭額，登時血流滿面，引起圍觀民衆公憤，衆一致代她要求賠償醫療費用，惟該隊員悶然不理，群情因此憤昂奮，亦皆抽出手槍，廣聲恐嚇令民衆即散開，由此民衆終號起個個拿石魂之，一面以槍恐嚇，一面謀開路逃走，其中一人逃到大光明附近竟向追近之民衆開槍，彈子逢擊中一老百姓名陳文溪當場斃命民衆開此憤怒衝天場附近，對所追之民衆開槍，幸而未煅及人，但另一人逃到永樂市，口罵譽怒吼，嗣即將該隊人員所乘之卡車搬到圓環前面，附之一炬燒煅開該查緝人員，全部均已逃脫，不知去向詳情侯續。

一九四七年三月一日的《民報》報導引爆二二八事件的延平北路緝煙血案。

卷
一

背景

■ 試寫二二八紀念文

　　二次戰後，中國國民政府接管台灣，台灣民眾初表歡迎，殷切期待，詎料戰後台灣，政風腐敗，特權橫行，經濟壟斷，生產大降，米糧短缺，物價暴漲，失業激增，軍紀敗壞，盜賊猖獗，治安惡化，瘟疫流行……，民心日漸流失，終至怨聲載道。

　　一九四七年二月二十七日晚，台北市延平北路發生專賣局查緝員打傷女煙販並釀成槍擊民眾致死命案，二十八日台北市民向相關機關抗議未果，反遭行政長官公署機槍掃射，情勢一發難收，擴及全島，各地蜂起，全島騷動。旋由各級民意代表與社會菁英組成「二二八事件處理委員會」，與行政長官陳儀交涉善後處理事宜，進而提出政治改革要求，情況漸趨穩定，然而，陳儀一面虛與委蛇，一面向南京請兵。國府主席蔣介石聽信在台軍政特務人員一面之詞，貿然派兵來台。三月八日晚，國府軍隊奉派抵台，展開鎮壓，釀成屠殺，繼之以「清鄉」，進行全島性捕殺，民眾傷亡慘重，菁英犧牲殆盡。史稱二二八事件。其對台灣政治與社會之影響，於今猶深且鉅。

　　往者已矣，來者可追。仇恨可諒，歷史毋忘。記取史鑑。讓悲劇不再，願族群融洽，大家無分彼此，休戚與共，立足台灣，共創和平公義之新國家。

　　　　　　　　　　　　　　一九九九年二月

■認識二二八事件應有的問題意識

原載二〇二三年二月二十五日《自由時報》〈自由廣場〉

　　二二八事件的歷史，在兩蔣長達四十年的威權統治下，是不許碰觸的禁忌。直到一九九〇年代台灣民主化，被埋在歷史荒煙蔓草中的二二八事件，才能見天日，含冤受辱的受難家屬才能輕吐一口氣，事件輪廓也才逐漸彰顯，二二八的歷史研究也有初步成果。

　　然而一些黨國之子不能忍受了！於是試圖開始翻案，把二二八事件說成是日本的預謀、是中共的策動、是皇民「暴徒」的作亂。要回答他們這樣的「內定結論」很簡單，只要問：既然二二八是日本、中共、暴徒所致，為何要替日本、中共、暴徒掩蓋罪行長達四十年？

　　許多人談二二八事件，喜歡在枝微末節吹毛求疵，而不去理解關鍵的問題意識。例如：

　　二戰後，台灣人（特別是社會菁英）是如何期待他們心中的祖國？相較一八九五年日本要來接管台灣時掀起的全島性反抗，台灣人這次是如何全島性地歡迎「祖國」？（難道這也是

受日本皇民化的影響？）

為何在台灣人熱烈迎接祖國的一年四個月後，會爆發偌大的衝突？其民心向背的變化是因何產生？其誰為之，誰令致之？

為何陳儀接管台灣後，會被台灣人稱為「新總督」？

戰後初期（二二八事件前）來自中國的官場風氣如何？駐台軍紀如何？社會治安如何？

為何「米糖之鄉」的台灣，在戰後卻缺米缺糖？戰後第二年台灣的生產指數為何不及戰前的一半？

二二八事件的本質，是官逼民反嗎？族群衝突嗎？共匪作亂嗎？文化衝突嗎？或是啥？

一九四七年二月廿七日，事件爆發到同年三月六日，情勢已漸穩定，為何蔣介石仍要派兵來台「綏靖」？而號稱「綏靖」的同時，有無造成「屠殺」（Massacre）？

二二八事件對台灣（政治結構、社會民心……等）造成何等影響？（參考史例：一九四六年選舉三十名省參議員，候選人高達一千一百八十人，參選爆炸；事件後第一屆臨時省議會（一九五一年）議員名額增至五十五名，參選人卻只剩一百四十

人,為何?)

以上諸問題,都可以在當時中國大陸的報刊找到答案(參見拙編《二二八前後中國知識人的見證》)。與二二八有關的當時人的回憶錄,至今也有五十餘部,都可供印證了解。黨國之子們想要翻案?來不及了!

更重要的問題:二二八事件還會重演嗎?七十六年前的歷史,如果還不夠教訓的話,擺在眼前「留島不留人」的威脅,總夠我們警惕吧?

■二二八事件時代的台灣
是不是殖民統治？

　　二戰結束，中華民國政府倉促接管台灣，在台灣設立了一個和中國其他各省不一樣的制度，叫做「台灣省行政長官公署」作為統治台灣的總機關。根據當時未經立法程序，從國防最高委員會交下的「台灣省行政長官公署組織大綱」，頒訂的「台灣省行政長官公署組織條例」，第一條規定：「台灣省暫設行政長官公署隸屬行政院，置行政長官一人，依據法令綜理台灣全省政務。」第二條規定：「台灣行政長官公署，於其職權範圍內，得發布署令，並得制定台灣省單行規章。」第三條規定：「行政長官對於在台灣省之中央各機關有指揮監督之權。」僅此，足見台灣行政長官公署不同於中國大陸各省省政府之委員合議制，而是一種經國民政府特別授權予以特殊化的行政首長專斷制。台灣行政長官不僅在台灣省境內享有極大的委任立法權，而且擁有行政、司法的絕對指揮監督權力；再加以陳儀又身兼台灣警備總司令，因此，集行政、立法、司法、軍事大權於一身，其權力較諸日本時代的軍人總督，有過之而無不及。好像日本時代的總督府的翻版，延續了類似日本時代的殖民體制。

　　一九四四年十二月二十五日，在台灣調查委員會的作業中，由中央訓練團主辦，於重慶成立「台灣行政幹部訓練班」。翌年（一九四五年）二月，蔣介石委員長向該訓練班致詞時，表示：「日人治台多年，成績甚佳，吾人接管之後的治績，若不能超過日人，甚或不及日人，皆為莫大之恥辱，不僅有違諸生來此學習之目的，而且對不起國家民族。」從這段談話，正可以窺見國民政府接管台灣的心態，是要取代日本人在台的「統治者」地位。而不是地方事務讓地方自己管理的自治精神。

　　這個集軍政大權於一體的「行政長官公署」，在號稱「光復」的台灣出現之後，使得原本滿懷期待的台灣菁英或一般民眾，大感訝異，因為這種體制，與日本時代的總督府，性質上並無二致。半山人士連震東當時就曾提出警告：這種制度將使台灣同胞產生「總督制復活」的錯覺，以為行政長官又是以「統治殖民地」的姿態出現（詳見連震東，〈台灣人的政治理想和對作官的觀念〉，《台灣民聲報》第九、十期合刊，重慶，一九四五年十月七日）。果不其然，行政長官公署正式接管台灣後，許多台灣人便以「新總督府」來戲稱它。在這個所謂「新總督府」的大權總攬下，台灣的政治、經濟、社會的資源，便自然而然受到全面性有計畫的壟斷。上海《僑聲報》也這樣指出：「所有表現都使一般台灣人感到這不過是另一種殖民地制度的代替。」

　　學者陳翠蓮也明白指出，戰後的台灣是中國政府在台灣的

「再殖民統治」（詳見陳翠蓮，〈戰後初期台灣人的祖國體驗與認同轉變〉）。戰後台灣人所面臨的處境，從政治、經濟、社會、文化等多面向的種種不平與歧視，正是這種「再殖民統治」使然。例如：

在台灣省行政長官公署的二十一名高層人員中，只有一名台省籍人士（他是教育處副處長宋斐如，而且，不幸在二二八事件中也被殺害了）；在台灣行政長官公署的三百六十一名中層人員中，台省籍人士只有十七人，其餘兩百百九十九名都是中國人。於此可見，戰後中國人取代了日治時代日本人在台的統治地位。

被民間稱為「新總督」的行政長官陳儀。

再者，中國政府接管台灣後，雖然名義上給台灣人參政的機會，而實際上卻以「台灣沒有政治人才」為藉口，甚至以「台胞不解國語國文」為理由，把許多受過良好教育的台灣人排斥在中高級職位之外。

此外，同一個單位、同一個級職、同樣的工作，大陸人領的薪水，是台灣人的兩倍。他們美其名說是「偏遠地區」的「加薪」。日治時代也有這種差別待遇，但差別尚沒有這麼大。

這些差別待遇，完全吻合陳翠蓮所指出的「殖民者／被殖者＝優越／低劣＝高級／低俗」的型模，所以陳翠蓮明白指出「戰後中國政府對台灣人民所進行的再殖民統治，才是迫使台灣人從歡迎到反抗，從迎接祖國到認同轉變的主因」。所以二二八事件的暴發，正是對於「再殖民」的反抗！

■唐山客的寶島美感

原載二○○九年二月八日《自由時報》「李筱峰專欄」

　　元旦期間有位中國青年王冉來台旅遊，回去後在網站發表〈善良需要ＧＤＰ嗎？〉一文，讚揚台灣人的淳樸善良。他說，台北計程車司機不會亂繞路，無論問他們問題，或付錢找錢，都彬彬有禮。王冉表示，在台北不會看到排隊插隊、大聲喧譁、當街吵架、隨地吐痰等現象，這些在中國很常見。王冉的朋友也說，接觸完台灣人再回到中國，「會覺得中國到處都是『刁民』！」（詳見 http://blog.sina.com.cn/s/blog_47665bc10100c5j2.html）

　　以上這位唐山客的「客觀」反應，立刻引起許多中國網民的撻伐。可想而知，那是嚴密的新聞管制下的制約反應，但王冉則是實地到台灣的觀察比較。

　　像這種來台觀察比較而對台灣好感的言論，史例俯拾即是：

　　日本領台第四十年（一九三五年），中國社會黨領袖江亢虎從廈門搭船來到基隆，頓覺氣象一新。他說：「由廈到此，一水之隔，一夜之程，頗覺氣象不同。」他乘火車南北走一

趟後，對台灣人的井然有序讚嘆說：「秩序如此，可與歐美列強抗顏矣！」在參觀台北高等女校後，又讚賞道：「余親見諸女生體操，四肢皆甚發達，胸部臀部隆起，幾可與歐美女子抗衡，視中國內地閨秀，大不同矣！此非徒尚美觀，實民族強弱人種興亡一大問題也。」（見《台游追紀》）

二戰後，許多中國學者、作家，來台參觀後，對台灣的高文化水準一致好評。誠如中國記者江慕雲所說：「從祖國來的接收大員、視察大員、旅行觀光的人，還有一班心術極壞的淘金者，幾乎沒有一個不稱道台灣好、台灣富庶、建設好、氣候好、一片和平空氣。」

例如作家蕭乾，從上海到台灣，再到廣州，遊走三地的感覺是「這個弧形的飛翔，給我的刺激太深刻了。」蕭乾感性地描寫：「當機翼斜過草山（陽明山），輪胎觸到台北的土壤時，那溫暖豈僅是氣候的？論整潔，那真像由法國最骯髒的一個村鎮進入了瑞士……，我感到了舒服、友誼，因為我感到人民在這裡被信任著。」、「一個下女洗完碟碗便蜷在席上看科學小說了。應該在弄堂裡嘶嚷拉屎的頑童，卻都坐在教室裡畫著石板。……嚴肅的交響樂台下，四千座位全能填滿，四千男女都屏息靜氣，把心靈暫時交給樂聖。在同一偉峨的中山堂裡，同時還舉行著別的座談、討論會……」蕭乾說：「僅僅一水之隔，而情況竟和這塊為三民主義滋潤了二十載的中國相形之下，如此的不同！」、「大陸中國在現

代化上離台灣至少落後了半世紀。」

　　再舉當時憲兵第四團團長高維民的一段回憶：「二十五日接收以前，我便裝到台北各地走過，發現這個地方秩序井然，現象真好，並從新職人士中得知『夜不閉戶，路不拾遺』。商店定價後不作興討價還價，店東可說是童叟無欺，對每個人都很和藹、誠實。風氣太好了，我非常感動。」（以上各引言詳見拙著《唐山看台灣》）

　　類似的言論多不勝舉，在在顯示中國與台灣的文化落差，也說明了二二八事件的歷史背景。

　　雖然殷海光曾認為「台灣人敦厚老實淳樸的氣質，被國民黨破壞了！」但較諸中國，我們尚有可觀者焉。不過，一旦馬英九的「終極統一」完成，那就不知將伊于胡底了！

■教國民黨人讀台灣史

原載二〇〇七年一月二十日《自由時報》「李筱峰專欄」

　　本文應該在兩個月前就要寫的。但因自以為身為國內最早將二二八事件寫入論文的研究者，去和一些不曾寫過半篇二二八論文的政客、記者們辯論，實在不成比例，也就罷了。可是越接近二二八事件六十週年，越注意到藍色政客們一些積非成是的言論，透過其同路媒體，意圖壟斷二二八歷史的解釋權，顛倒歷史的是非，已經是不駁斥不行了。

　　話說去年教育部請我們一批在大學教書的台灣史學者編寫一套《青少年台灣文庫——歷史讀本》，首批六冊讀本在十一月廿四日發表。不得了！中國派藍色政客和媒體還未好好閱讀內容，就先破口大罵，說這些編撰的學者都具有獨派色彩。國民黨立委郭素春還罵說：「教育部根本是以官方出版品，提供獨派學者改造青年思想，是在殘忍撕裂台灣。」還有一位淡江大學歷史系的何姓老師，也跟著答腔說，編審委員多為獨派立場鮮明的人，只強調單一立場的讀物給學生看，不甚妥當。

　　世界上有哪個國家的學者在編寫歷史不是站在自己國家主

權獨立的立場？美國歷史學者一定站在美國獨立主權的立場；新加坡學者，也一定站在新加坡獨立主權的立場，為何台灣學者站在台灣立場，卻被他們攻擊辱罵，到底誰錯亂了？套用郭素春的句型，如果有美國國會議員大罵說：「布希政府根本是以官方出版品，提供美獨學者改造青年思想，是在殘忍撕裂美國」，一定會笑掉人家的大牙！

民主國家在生活價值上應該是多元的，而且應該互相尊重這些多元價值。但是未聽說有任何國家在國家認同上是多元的，除了台灣。台灣並非中華人民共和國的一省，不管它是否繼續採用在一九四九年已經被中華人民共和國取代的國家的國名——「中華民國」，或是正名為「台灣」，台灣都是獨立於中華人民共和國之外的主權國家。站在自己台灣的立場編寫歷史，竟然挨罵，怪不得台灣成為全世界唯一進不了聯合國的國家，因為台灣還有這麼多反對台灣主體立場的政客、學者與媒體人。

又據報載，前述六本讀本中，最讓郭素春等人不能忍受的，是本人編寫的《唐山看台灣——二二八事件前後中國知識份子的良心見證》一書。他們責怪我在書中把當時的台灣形容為「政

治腐敗，接收變劫收」、「軍紀敗壞，官兵變強盜」、「大軍壓境，
菁英變亡魂」。說這些標題是「獨派意識強烈的字眼」。

　　看到他們如此歇斯底里，讓我想到孔子說的「一言見其不
智」。我書中的標題，是根據每一章節內容而下的；而每一章
節的內容，全都是來自中國的作家、記者、學者的言論，他們
沒有一人是台獨人士，何來「獨派意識強烈的字眼」？至於形
容那個時代「政治腐敗，接收變劫收」、「軍紀敗壞，官兵變
強盜」，不對嗎？去問問上一代的台灣長輩，那是歷史常識啊！
當時如果不是這樣，怎麼會在台灣人熱烈慶祝「光復」的十六
個月後爆發二二八事件？

　　郭素春等人對台灣史如此無知，卻又那般狂妄，顯然不是
特例，我準備就這三個主題替這些中國國民黨人上上課。下週
見！

■「接收」成為「劫收」的時代

原載二〇〇七年一月四日《自由時報》「李筱峰專欄」

　　戰後國民政府對台灣的接收，被民間戲稱為「劫收」，這與統獨立場無關，而是一個歷史常識。試舉數則史料來印證：

　　一、民族抗日運動前輩陳逢源，在接受歷史學者王世慶教授的訪談時，曾說：「台灣光復時大家都很歡喜，但接收後則大家都很失望，接收之官員貪污很多，台胞都說『接收』為『劫收』。」（見黃富三教授等編《近現代台灣口述歷史》）

　　二、中國記者唐賢龍在二二八事變後不久出版的《台灣事變內幕記》也指出：「自從國內的很多人員接管以後，便搶的搶、偷的偷、賣的賣、轉移的轉移、走私的走私，把在國內『劫收』時那一套毛病，統統都搬到了台灣……台灣在日本統治時代，本來確已進入『路不拾遺，夜不閉戶』的法治境界，但自『劫收』官光顧台灣以後，台灣便彷彿一池澄清的秋水忽然讓無數個巨大的石子，給擾亂得混沌不清。」

　　三、再看一九四六年六月三日香港《華商報》的一段報導：「有很多敵產，被這些接收大員們只以十分之一的價錢買了

去，而絕大多數的敵偽房產則都被接收大員們無償地『劫收』了去。」

這種貪污風氣，也無怪乎戰後的台灣民間流傳著一句俗話：「吃銅吃鐵，吃到 ALUMI（鋁）。有毛的，吃到鬃簑；無毛的，吃到秤錘；有腳的，吃到樓梯；無腳的，吃到桌櫃。」

一九四六年八月二日南京《民國日報》。

　　對照這麼多的史料，不難了解當時官場的貪污歪風，簡直開了台灣同胞五十年未開之眼界。因此當時台灣民間稱「接收」為「劫收」，根本就是歷史常識，無須辯論。就好像有一句俗話說「和珅跌倒，嘉慶吃飽」，是用來形容清朝乾隆皇帝的佞臣和珅的貪污，也是清代史的歷史常識一樣，不是和珅的後代出來罵人就能否定的。

一九四六年八月二日上海《時事新報》。

■ 二二八之「賊仔兵」

原載二〇〇七年二月十一日《自由時報》「李筱峰專欄」

　　二二八事件前的台灣社會，不僅「接收變劫收」，而且「官兵變強盜」。這樣的形容符合史實嗎？

　　國府接管台灣的一年後，《民報》社論就以〈要預防年底的危機〉為題指出：「由內地來的同胞，常結黨成群，各處劫奪財物」（一九四六年十月二十八日）。而上海《大公報》亦有鑑於此，早就呼籲：「國軍在台紀律又很差，滋生是非，甚失人望。政府不可置無用之軍，賈怨於人民。」（一九四六年五月三十一日社論）

　　當時「國軍」紀律之壞，我們不妨先看看憲兵第四團團長高維民（二二八當時全台憲兵勤務最高負責人）的一段回憶：「七十軍是先我一週來台的……當時台胞普遍都騎腳踏車……那些兵一看沒鎖，也沒有人看，騎了就走……那時候沒鐵門，也沒有圍牆，只是用幾塊石頭，圍成院子種些花草，有少數士兵一看屋裡沒人，跑進去就拿東西，這在過去從來沒有的。還有，不守秩序，他們習慣的坐車不買票……當時

只有一家大陸口味的大菜館蓬萊閣，該軍一少校參謀吃飯時，對女招待動手動腳，惹起反感，乃開槍示威……由於軍隊紀律廢弛，一言以蔽之，姦淫擄掠，結果親痛仇快……。」（見《中華雜誌》總二八三期）

　　戰後隨軍來台的軍人作家張拓蕪也說，當時的七十軍被民間稱為「賊仔兵」。自從他們進駐以後，居民飼養的家禽、腳踏車等時常無故失蹤。張拓蕪說：「台灣回歸祖國懷抱才兩年不到就發生了二二八事變，老實說與陳儀及其所屬部隊大有關係。」（見《大成報》一九九〇年十一月二十一日副刊）

　　二二八事件爆發後，軍隊不僅濫殺無辜，而且在捕殺民眾的同時，乘機搶奪財物。作家鍾理和二月二十八日的日記，就記載著在長官公署向民眾開槍的警察及士兵：「只顧搶被掃死的人所棄的自行車，至於死人他們是好像沒有看見。」二十一師副官處長何聘如也指陳，移駐中壢的四三六團部：「在離開大華酒家時，把屋裡的電扇、衣服、盆碗日常用具，幾乎洗劫一空……其行為甚於盜匪。」軍隊駐進台北師範學院時，「台北師範學院遭受一次空前的洗劫。」（詳見何聘如，〈蔣

軍鎮壓台灣人民紀實〉）；高雄的楊金海也回憶，三月十日左右軍隊到高雄分區搜查，全家被用槍抵住搜身，大哥的毛衣被奪走，父親皮包被搶，家中腳踏車也被牽走⋯⋯鹽埕一家銀樓的金庫被軍人打開，搶走金條，楊姓老闆則當場被打死。（《台灣日報》二〇〇五年三月五日）

　　更諷刺的是，有些地方的外省人被集中處置時，未受損失，反倒是「國軍」一到，卻遭搶劫一空。住高雄的洪文慶回憶，當

台灣所謂「光復」後，中國軍人到處殺人、搶劫的新聞，屢見不鮮。

時被關在三民區公所的外省人期盼「國軍」前來援救。沒想到中國兵一到，不但沒有釋放他們，反將他們身上的手錶、項鍊、戒指、錢幣搜刮一空！他們破口大罵：「台灣人關我們這麼久，我們什麼損失也沒有，國軍一進來，身上財物全都被搶走。」（見洪文慶著《雞婆伯故事集錦》）

這樣的「國軍」，不可以形容「官兵變強盜」，難道要說「官兵成天使」嗎？

強盜團襲掠繁華街

1946.01.23

白晝打劫布疋店

以卡車裝積贓品

強人們身穿軍服

（本市）青天白日省都中，常服的六個強漢、提著心地址，突然強盜團出現，廿二日下午一時牛，台北市榮町藤井吳服店前而，突然停住一搬上卡車、風馳電掣而去，真報警察局立即開始搜查，陽其損害、值短銃自稱係特別調查團，闖入店內，將所有棉布、絹布約五百點、脫出二個穿警員軍正式的軍帽捧服，四個穿軍十五萬圓。

台灣所謂「光復」後，中國軍人到處殺人、搶劫的新聞，屢見不鮮。

■從一則佈告
看二二八事件前的軍紀

　　到台灣各海邊的燈塔去參觀的人，可以發現以下這則佈告。這是一則耐人尋味的佈告，由國防部長和財政部長聯名公布，內容指出各地燈塔有部隊干擾情事，責令部隊不得干擾。時間是在一九四七年（民國卅六年），那一年就是二二八事件爆發的該年。

　　軍隊是在保衛國家的，竟然成為擾亂治安的人！一則公告，讓我們想見當時的軍紀之敗壞。

　　駐台軍紀敗壞，擾民傷民，讓原本迎接祖國軍隊的台灣人痛心疾首，這是二二八事件的導因之一，這則佈告是珍貴的史料。

國防部
財政部佈告

(共)傑諧字第

七二

號.

據報海關所設各地燈塔近有部隊干擾情事影
響航行安全殊屬非是自應嚴行制止嗣後各部隊
對於該項燈塔及航行標誌應予保護不得再有干
擾情事以維航政合行佈告遵照
此佈

中華民國卅六年　月　日

國防部部長白崇禧
財政部部長俞鴻鈞

■從一幅漫畫看二二八事件

原載二〇〇四年二月二十八日《自由時報》〈自由廣場〉「李
筱峰專欄」

　　一九四七年二月廿七日傍晚，台灣爆發二二八事件。一個
月後，上海的一家週刊《時與文》刊出上面這張漫畫（作者張
文元），漫畫的題目叫做「勝利之『果』」。我第一次在美國
史丹福大學胡佛研究中心的圖書館找到這本雜誌，看到這幅漫

畫時，真是哀喜交加。喜的是，好在這幅漫畫不是台灣本地畫的，否則又要被扣上製造族群對立帽子。而且，這張漫畫，可以說將二二八事件的根本原因「一筆畫破」了；哀的是，台灣的命運，果真如此宿命？台灣這顆新鮮的小蘋果，果真難逃旁邊偌大爛蘋果的爛蟲蠹蝕？

　　這張漫畫，如果從台灣的立場來看，應該也可以取名叫做「『光復』之果」。二次戰後，中國國民政府接管台灣，台灣民眾以全中國大陸找不到的熱情，迎接心目中的「祖國」，慶祝「光復」。詎料歡欣鼓舞的台灣人，在旋踵之間面臨的是「政風腐敗，特權橫行，經濟壟斷，生產大降，米糧短缺，物價暴漲，失業激增，軍紀敗壞，盜賊猖獗，治安惡化」的處境，許多問題的癥結，幾乎都來自對岸的「祖國」。貪污揩油的官場文化、偷搶騙賴的軍警紀律，以及早已絕跡的流行瘟疫，統統在台灣「光復」了。民心日漸流失，終致怨聲載道。一九四六年十月廿二日《民報》的社論以〈迎迓蔣主席蒞台〉為題，卻道出台灣人的心情：「光復以來，已經過一年餘，因由祖國移來不少的壞習氣，加之貪污案情續出，而且有以征服者之對待被征服

者的優越的態度，使台胞們發生了極大的憤懣與不快，甚至有生起悲觀，放棄了對於將來的希望。」六天之後的十月廿八日，該報社論〈要預防年底的危機〉一文中更不客氣指出：「由內地來的同胞，常結黨成群，各處搶奪財物。」

經過一年四個月的蹂躪，台灣終於爆發二二八事件，引來一場腥風血雨的屠殺。

在二二八事件中，香港《青年知識》雜誌，刊出了一篇評論，替台灣說話：「不幸的是，我們的『接收』官員們都是一群帶有強烈掠奪性的親戚同鄉等關係結合成的封建集團，他們以『新征服者』的姿態出現，用元朝對待南人一樣的態度，對待台灣同胞。他們又從內地帶來了『執法者違法』的精神，營私舞弊，劫收中飽，腐蝕台灣的政治經濟。同時更受獨裁和內戰的影響，征糧征實征兵，接二連三加重台灣同胞的負擔，台灣人民察覺到他們所歡迎的人，很快地便踐踏到他們的頭上，使他們透不過氣來，他們埋怨地說：『盟國對日本的懲罰，不過投落了兩顆原子彈，可是對台灣卻是來了一群貪官污吏。』他們對於『新征服者』，正如農夫對於蝗蟲一樣的憎恨。……一八九五年日本的『接收』，台灣人所得到的，是殖民地的『法治』，可是一九四五年中國的『接收』，台灣人卻又得到『無法無天』的統治……」（史堅，〈台灣的災難〉，載香港《青年知識》廿期，一九四七年三月十六日）

事件後，有良心的中國記者唐賢龍也在《台灣事變內幕記》

一書，這樣指出：「自從國內的很多人員接管以後，便搶的搶、偷的偷、賣的賣、轉移的轉移、走私的走私，把在國內『劫收』時那一套毛病，統統都搬到了台灣……（中略）台灣在日本統治時代，本來確已進入『路不拾遺，夜不閉戶』的法治境界，但自『劫收』官光顧台灣以後，台灣便彷彿一池澄清的秋水忽然讓無數個巨大的石子，給擾亂得混沌不清。」

　　以上這些史料，都替這張漫畫提出具體的說明與佐證。每逢二二八紀念日，我總是不期然想起這張漫畫。今天，我要參加百萬人牽手護台灣的行動之前，腦海中那個爛蘋果裡面的一隻隻爛蟲，彷彿都變成一顆顆瞄準台灣的飛彈。

　　爛蟲也罷，飛彈也罷，台灣人難道還對它無動於衷嗎？難道我們還會繼續讓黑格爾嘲笑「歷史給我們的教訓，是歷史沒有給我們教訓」？

■祖國變阿山

原載二〇〇五年二月二十八日《自由時報》〈自由廣場〉

「阿嬤，台灣光復的時候，你們的心情如何？」三十幾年前，我還在使用「光復」一詞的時候，曾經這樣問過我的祖母。祖母回答：「大家都真歡喜，想到免閣再相戰（打仗），日本狗仔要走了，祖國要來了，當然歡喜。阮彼一陣還殺雞祭祖，給祖先講，祖國要來了。」

我接著問：「那個『祖國』來了後，結果呢？」祖母嘆口氣回答：「誰知道來一群『阿山』……」此後，祖母就沒有再稱「祖國」，而改稱「阿山」了。

二次大戰結束後，台灣人民以全中國大陸罕見的熱情迎接心中的「祖國」，沒想到，這個祖國，「遠看一躲花，近看我的媽！」台灣人民馬上面對這樣的局面—政風腐敗，特權橫行，經濟壟斷，生產大降，米糧短缺，物價暴漲，失業激增，軍紀敗壞，盜賊猖獗，治安惡化，瘟疫流行……，民心日漸流失，台灣人從滿懷期望，變成失望，最後瀕臨絕望。

以下，我們舉幾個數字，可以想見當時台灣的政治、經濟

與社會狀況。政治方面，在台灣省行政長官公署的二十一名高層官員中，只有一名台籍人士（他就是教育處副處長宋斐如，後來也於二二八事件中遭處決）。在長官公署的三百一十六名中層官員中，只有十七名台籍人士，其餘兩百九十九名都是大陸人。

在經濟方面，戰後第二年台灣的生產指數卻達不到戰前一年的一半；以台北市零售米價上漲情形來看，一年四個月之間，台北市零售米價漲了四百倍；失業人口有多少？六百萬人口的台灣，失業人數在六十萬左右。

在社會方面，治安嚴重惡化，「官兵變強盜」，戰後一年之間刑事案件增加二十八倍。

以上數字，充分說明所謂光復後的台灣呈現大逆退的現象。經過一年多的蹂躪，終於爆發了二二八事件。一九四七年二月二十七日晚，台北市延平北路發生專賣局查緝員打傷女煙販並釀成槍擊民眾致死命案，二十八日台北市民向相關機關抗議未果，反遭行政長官公署機槍掃射，情勢一發難收，擴及全島，各地騷動。各級民意代表及社會菁英組成「二二八事件處理委

員會」，與行政長官陳儀交涉善後事宜，進而提出政治改革要求，情況漸趨穩定，然而，國府主席蔣介石聽信在台軍政特務人員一面之詞，貿然派兵來台。三月八日晚，國府軍隊登陸台灣，以「綏靖」之名進行屠殺，民眾傷亡慘重，又以「清鄉」為名，進行全島性大捕殺，許多教師、醫師、律師、議員、記者等社會菁英紛紛被捕遇害。綜合事件死亡人數，經過人口學者的估計，大約一萬至二萬人。

五、六十年前的這場悲劇，表面上看似族群的衝突，其實更深層的因素，在於台灣與中國大陸之間的社會文化落差產生的適應不良。台灣人民不了解兩岸的差異，一廂情願地迎接心中的「祖國」，卻換來二二八的慘痛下場。

五、六十年來，我們經過社會變遷、文化交流、工商發展，大家應該都已經結為命運共同體，沒有任何一個族群需要為歷史背負原罪，也沒有人再去扮演「阿山」的角色。今天大家結緣於台灣，安身立命於台灣，除了腳踏實地的台灣，我們不必要再去追尋夢幻的「祖國」。腳下的台灣，就是我們共同的祖國，大家認同這個祖國，就是族群和諧的基礎，也可以防止外來政權再為我們帶來一場二二八事件！

■回想一九四五年
「中國人登台」的教訓

原載二〇〇八年七月六日《自由時報》〈自由廣場〉「李筱峰專欄」

前天七月四日開始開放中國觀光客來台,在台中關係史上,這是一個重要的里程碑。不過,這個里程碑會留下正面的紀錄,還是難堪的回憶,有待觀察。前程雖然未卜,倒是歷史經驗必須記取。六十三年前(一九四五年)台灣號稱「光復」,大量中國官民來到台灣,卻種下十六個月後的二二八事件的因子,這段教訓值得參考。

二戰後台灣的進步吸引許多中國人前來,誠如中國記者江慕雲所說:「從祖國來的接收大員、視察大員、旅行觀光的人,還有一班心術極壞的淘金者,幾乎沒有一個不稱道台灣好、台灣富庶、建設好……」(見《為台灣說話》)

上海《新中華》也有文章說:「台灣在國人的心目中,是一個清潔美麗的綠島。」、「一般人的文化水準,也比內地的高多了。」(見味橄文,復刊五卷七期)

中國作家蕭乾更指出:「大陸中國在現代化上離台灣至

少落後了半世紀。」（見〈冷眼看台灣〉）

　　然而這個比中國進步的台灣，在所謂「重回祖國懷抱」之後，遭逢何等境遇？試看中國記者唐賢龍生動的描述：「自從國內的很多人員接管以後，便搶的搶、偷的偷、賣的賣、轉移的轉移、走私的走私，把在國內『劫收』時那一套毛病，統統都搬到了台灣」、「台灣在日本統制時代，本來確已進入『路不拾遺，夜不閉戶』的法治境界，但自『劫收』官光顧台灣以後，台灣便彷彿一池澄清的秋水忽然讓無數個巨大的石子，給擾亂得混沌不清。」

　　台灣在所謂「光復」之後，治安嚴重惡化，尤其來台駐軍的軍紀敗壞，偷竊、搶劫、耍賴、威脅、詐欺、恐嚇、調戲、殺人，讓台灣人大開眼界。

　　此外，「光復」之後，天花、鼠疫、霍亂等病疫全都光復。二二八事件爆發的前一天，《民報》社論就這樣說：「我們台灣在日本統治下，雖然剝削無所不至，但是關於瘟疫和飢荒卻經漸漸變作不是天命了。可是光復以來，這個『天命』卻也跟著光復起來。天花霍亂鼠疫卻自祖國搬到。」日本時代已有效防治鼠疫、天花、霍亂、瘧疾、白喉、傷寒、猩紅熱等病疫（中日戰爭時環境變差，才又流行瘧疾）。這些成果，誠如戰後《台灣新生報》所指出：「我們向來自認台灣是個衛生樂土……而所以能確保這衛生台灣的榮名的原因，全在衛生思想普及，防疫設施完備這兩點。關於這一方面，我們不容

諱言，是日本殖民統治功罪史裡的一個不能消滅的事實。」（一九四六年三月六日社論）怪不得戰後在重慶的半山人士會告訴中國當局「台灣人有洗澡的習慣」，很講究衛生。

六十三年前台海雙邊的接觸產生二二八事件，誠如史家林衡道所言「那是已經文化進步的人們，被文化落後的人們統治所產生的悲劇」；這次台海雙邊的接觸，則只是開放中國人來台觀光，不是來統治，兩者不同。但值得參考的，是衛生與治安問題。以衛生來說，英國醫學家彼得‧柯森曾指出，華南是許多流行病的溫床。日治時代嚴格的港口檢疫，將台灣與外來病源隔離開來。但現在九劉政府一口氣開放八機場，對於通關檢疫是否準備好了？更何況即使檢疫嚴格，但中國人的衛生文化將會如何衝擊台灣，值得關切。日前聽一位高雄計程車業者說，上次那艘郵輪載來的中國客，在計程車上亂吐痰，讓司機們怨聲載「車」，還有一位陸客以為車窗開著，直接往車外吐痰，結果吐到明亮的玻璃，又彈回他臉上，頓時在車上咆嘯一番。

台中交流史將會激起什麼浪花？

■中國之疫

原載二〇〇三年五月十二日《中國時報》〈名家專論〉

　　早期蘭陽平原的平埔族噶瑪蘭人，是個很愛乾淨的族群。十八世紀末，來自中國的漢人吳沙，率領閩粵流民侵墾噶瑪蘭人的土地，同時帶進了天花。造成噶瑪蘭人天花大流行，病死多人，吳沙再贈以醫藥，救活百人，噶瑪蘭人很感激，還送土地給吳沙。這真是一段令人啼笑皆非的歷史。

　　台灣在清朝統領的兩百一十一年間，醫療衛生極差。清末雖有馬雅各、馬偕等傳教士引入近代西醫，但僅是點的改善，無濟於全面醫衛的提升。

　　一八九五年五月日軍入台，面對各地抗日軍抵抗，日軍戰死的只有一百六十四人，但病死的卻多達四千六百四十二人，是戰死的四十倍。台灣惡劣的衛生環境與疫病的流行，大挫日軍。台灣的蚊蠅，竟然成為抗日英雄！當時日軍的《征台衛生彙報》中，這樣描述：「市街不潔，人畜排泄物在街上到處溢流，被亂跑的豬隻掃食……又犬、雞、豬和人雜居，其糞便臭氣充滿屋內。」從這段敘述看，我完全同意統派的句型——「台

灣人也是中國人」。

　　日本據台之始，即致力於衛生醫療的改善。從醫衛設施及教育著手，並禁止妨礙衛生的民俗。更透過強制力，例如嚴格的「港口檢疫」，將台灣與外來病源（主要來自中國）隔離開來。台灣在日本「異族魔掌」下，衛生獲得極大改善，有效地防治鼠疫、天花、霍亂、瘧疾、白喉、傷寒、猩紅熱等病疫（太平洋戰爭期間環境變差，才又流行瘧疾）。這些成果，誠如戰後《台灣新生報》所指出：「我們向來自認台灣是個衛生樂土……而所以能確保這衛生台灣的榮名的原因，全在衛生思想普及，防疫設施完備這兩點。關於這一方面，我們不容諱言，是日本殖民統治功罪史裡的一個不能消滅的事實。」（一九四六年三月六日社論）

　　戰後，中國政府號稱「光復」台灣，「光復」之後，政治經濟呈現大逆退，倒是天花、鼠疫、霍亂……等病疫全都光復了。二二八事件爆發的前一天，《民報》社論就這樣說：「我們台灣在日本統治下，雖然剝削無所不至，但是關於瘟疫和飢荒卻經漸漸變作不是天命了。可是光復以來，這個『天命』卻

也跟著光復起來。天花霍亂鼠疫卻自祖國搬到。」

追昔撫今，我們發現這次台灣慘遭 SARS 傳染，其禍源猶然來自那個「統」派日夜為我們推銷的「祖國」。他們的「祖國統一大業」還未完成，台灣就先品嚐「統一」之前的開胃菜了！

這次市立和平醫院讓 SARS 的防疫工作破功，藍軍不忍指責市府，只好罵中央。有人罵中央既聾又瞎，「笨蛋比 SARS 多」，說來罵去，就是不敢檢討一下禍源。有人轉移對禍源的注意，說「SARS 病毒是不分統獨的」。不錯，病毒不分統獨，但獨派的祖國——台灣，其所感染的病毒，不正是「統」派的祖國傳過來的嗎？這套歷史方程式，竟然今昔不變。英國醫學家彼得·柯森就不客氣指出，華南是許多流行病的溫床。

對於這個溫床，我們理當哀矜憐憫。但對於禍源，絕對值得我們檢討省思：禍源的背後有一套虛偽的政治文化，當世界多國都受其感染，而立刻向 WHO 通報時，這個禍源地的泱泱大國，竟然無視於作為 WHO 成員的責任，而隱瞞疫情。這讓我想起中國流行的一句順口溜——「十億人口九億假，誰要不假誰就傻；十億人口九億吹，誰要不吹誰吃虧」，這正是中國政治文化的寫照。失業率、經濟成長率，乃至天安門事件屠殺人數，都可造假，但病毒的傳染，是無法讓這套虛偽的中國政治文化得逞的。虛偽也就罷了、不盡 WHO 成員的責任也罷了、台灣受害也罷了，他們竟還好意思不許台灣加入 WHO。其

霸權面目就更加昭彰了！

　　奉勸拿中資的台灣媒體，以及心向中國的政客們，你們如果能將內鬥的精力，拿去幫助你們祖國革除虛偽與霸權的政治文化，才有可能贏得台灣民心。否則，SARS 感染之際，很難不令我更加想到台灣獨立的意義。

卷 二 —— 屠殺

◎ 二二八事件是不是一場屠殺

◎ 在二二八事件中彭孟緝真的在鎮「暴」嗎？

◎ 從數則新聞史料看二二八事件死亡人數

◎ 別拿三立的失誤遮羞

■ 二二八事件是不是一場屠殺？

原載二〇一五年三月四日《民報》社論稿——李筱峰執筆

　　二二八事件不是只發生一天的事件，而是持續數月的事件。從一九四七年二月二十七日下午台北延平北路緝菸血案引爆衝突開始，各地武裝反抗、會議協商、要求改革，到所謂「綏靖」、「清鄉」，前後持續數月。這個事件最後為何死傷慘重？因為它最後引來了一場大屠殺。用「屠殺」形容二二八事件合理嗎？

　　什麼叫做「屠殺」？如果用英文思考，就是 Massacre 或叫做 Slaughter。根據 Oxford Dictionary 的定義，Massacre 解釋為 indiscriminate killing，意思就是「毫無區別地任意殺人」；Slaughter 的解釋就是 kill in a ruthless manner or on a great scale，意思就是用殘酷的方法或大規模地殺人。以上的定義，應該古今內外皆然，毋庸爭論。二二八事件中，有無進行「毫無區別地任意殺人」？有沒有「用殘酷的方法或大規模地殺人」？

　　要解答此問題，至今史料斑斑可考。但為了避免受到「主觀偏見」之疑，本文捨棄台灣人的見證，而以來自中國的軍官、

記者的回憶及採訪報導為根據，來看看他們筆下的這場屠殺慘狀：

三月八日下午，國府軍整編二十一師的增援部隊抵達基隆；從福州運來的憲兵第四團的兩個大隊，亦乘「海平輪」登陸基隆港。同時，二十一師的另外三千名部隊，也在高雄登陸。當時奉派來台的整編二十一師的副官處長何聘儒，參與了這次來台的「平亂」之後，以其親身經歷，寫下〈蔣軍鎮壓台灣人民紀實〉的回憶文章（原載於《文史資料選輯》第十八輯，轉引自鄧孔昭編，《二二八事件資料輯》，板橋：稻鄉，一九九一年）。先看看何聘儒描述部隊登陸後如何濫殺無辜：

「三月八日午前，四三八團乘船開進基隆港，尚未靠岸時，即遭到岸上群眾的怒吼反抗（按：實際並無反抗情事）。但該團在基隆要塞部隊的配合下，立刻架起機槍向岸上群眾亂掃，很多人被打得頭破腿斷，肝腸滿地，甚至孕婦、小孩亦不倖免。直至晚上我隨軍部船隻靠岸登陸後，碼頭附近一帶，在燈光下尚可看到斑斑血跡。」、「部隊登陸後，即派一個營佔領基隆周圍要地，並四出搜捕『亂民』。主力迅即

向台北推進，沿途見到人多的地方，即瘋狂地進行掃射，真像瘋狗亂咬。到達台北的當天下午，又空運一個營到嘉義。嘉義羅迪光營殘部在增援部隊剛一下飛機場，即配合援軍向四周武裝的人民進行大屠殺，當場死傷數以千計。」

部隊不僅濫殺無辜，同時官兵變成強盜，何聘儒回憶說：

「四三六團於八日下午在基隆港登陸後，即派一個營分赴新竹、桃園、中壢等地鎮壓人民武裝。團部率其餘各部直開台中，駐大華酒家，同時命令所部向埔里、日月潭等地進行鎮壓。該部在沿途，對於因問詢語言隔閡，搖頭擺手的無辜群眾，亦予槍殺不少。不久，團部移駐中壢，在離開大華酒家時，把屋裡的電扇、衣服、盆碗日常用具，幾乎洗劫一空；並把這家酒家改為俱樂部。其行為甚於盜匪。」

二二八事件中，軍人沿街掃射人民的鏡頭，原載一九四七年三月二十九日紐約時報。

　　至於南部的情形，何聘儒的回憶，特別是有關高雄要塞司令彭孟緝的作為，有如下的敘述：

　　「台灣南部的情況，事後根據獨立團第二營副營長劉家驤告訴我說：『在三月一、二兩天，暴動聲勢浩大時，彭孟緝和他的要塞部隊，都縮在要塞中不敢外出一步。三日上午我（劉自稱）帶領一個連分乘四部汽車，去解救高雄七連的圍。當時不顧一切，把架在汽車上的機槍，向沿途阻攔的人

中國來台美術家黃榮燦所作的版畫〈恐怖的檢查〉，反映二二八事件的屠殺。

掃射。一時七、八挺機槍辟辟拍拍，被打死打傷的人真是不少，中午衝到高雄，解了七連的圍。』言下大有無限得意之感。接著又談到：當時又顧慮鳳山團部只有衛生隊、輸送連、迫砲連，戰鬥力薄弱，等於要空城記，所以又命汽車在當天下午一、二點鐘，開回鳳山；為了顯示部隊沒有離開高雄，叫所有士兵困倒在汽車裡，使外面看不出車上有人，如空車一樣，急忙開回鳳山。臨走前派了一個指導員與高雄要塞司令彭孟緝聯繫，告以『暴民』力量很弱，已被我軍擊潰，並打死不少，請彭適時支援七連。彭當時對指導員說：『我的要塞部隊，盡是老弱殘兵，戰鬥力差，今後作戰還要依靠你們。』彭孟緝聽到『暴民』已被驅散，當天下午對前往勸降的群眾代表，立即扯下羊皮，暴露豺狼本性，當場欺騙他們說：『你們的來意很好，等我進去和部屬研究一下。』轉身離開會客室，即命十幾個士兵將幾個代表，都拖到屋子外面槍殺了。

　　彭孟緝接到南京電報『八日前二十一軍可以陸續到台』的消息後，更加瘋狂起來了。二日（按：此日期可能有誤）晚下令高雄軍械庫，將庫存械彈盡量裝備高雄傷兵，成立一個大隊，擔任高雄守備。自己指揮要塞部隊和獨立團部隊，對高雄、台南等地進行血腥屠殺；並說：『錯殺幾個人，沒有關係，一切由我負責。』因此不分什麼『暴民』、『順民』都成為他們邀功的對象。所以等到三月十三日一四五師到達高雄隨後移駐鳳山時，所謂『台民暴亂』基本上已經平息。

先是一四五師由鹽城、東台一帶開連雲港集結候輪開台的行軍途中，部隊晝夜行軍，一師人七零八落，拖了幾十里長，三三兩兩，好似麻雀隊伍一樣。沿途官兵給養，到處劫奪民物，不給分文，還有強姦婦女的行為。紀律壞到極點，人民怨聲載道。而他們認為鎮壓台灣『暴民』的任務要緊，一切都顧不得了。」

何聘儒對於這次蔣介石派兵來台，帶給台灣人民的傷害與痛苦，寄予相當的同情，他說：「自三月八日二十一軍一四六師到台開始『平亂』以後，給台灣人民帶來了無窮災難。各部隊每天都聽說有『戰果』報到軍部，……所謂戰果，實即血腥屠殺的代名詞。」中國軍官何聘儒這段話，足夠回答本問題了。

再者，中國記者王思翔，二二八事件發生時人在台灣，親歷了這場悲劇。他在《台灣二月革命記》（原名《台變目擊記》，後改書名為《台灣二月革命記》，中國上海：動力社，一九五〇年）中，也為我們留下了珍貴的史料。以下是他對三月八日以後的大屠殺的見證：

「三月八日，血腥的日子，國民黨援軍從上海和福州奉秘密的緊急命令調來，軍官們沿途編造謊言鼓勵了士兵們的殺氣。八日下午，他們從基隆上岸，大殺一陣過後，連夜向著沿途市街、村莊中的假想敵，用密集的火力掩護衝鋒而來，殺進台北市。此時，第一號劊子手柯遠芬已先行指揮台北軍

憲特務，將數百名維持治安的學生逮捕槍殺，又殺入處委會，將數十名辦事人員處死，並誣指他們是『共黨暴徒攻擊東門警備總部、圓山海軍辦事處、樺山町警務處，企圖強迫政府之武裝部隊繳械』。以此為藉口，九日上午六時發布戒嚴令，『以搜緝奸匪暴徒，弭平叛亂』。

十日，陳儀抹掉了自己曾派處長五人參加並一向以處理委員會為交涉對象的事實，下令『取締非法團體』。與蔣介石口中的『中央的德意』同時，警備總部發表『告省民書』（內容從略）」

「……街巷布滿了殺氣騰騰的哨兵，看到台灣裝束或不懂普通話者，不問情由，一律射殺；一批一批滿載做立射預備或瞄準姿態的士兵、四面張著槍孔的巡邏車，直撞橫衝吼叫而過，在三十萬人口的台北如入無人之境。『台灣人』不僅變成了可以『格殺勿論』的罪人，而且變作了被征服的奴隸，可以任意殺害以為快。在戒嚴令頒布同時，警備總部便慷慨地把短槍發給普通文職人員，授權他們為『自衛』而殺人；而經過煽惑的國民黨軍隊，奉了上司命令要『為被害同胞報仇』，要把這些『叛國造反』的人殺光或殺服！少數持槍的征服者，甚至為了向同伴誇耀射技，就以台灣人民為獵物！

自八日夜至十三日，槍聲此起彼落，晝夜不斷；大街小巷，以至學校機關內外，處處屍體橫陳，血肉模糊。繁華的

台北，成了仇恨的血海。善良的人民，有全家挨餓數日閉門不敢出來者。」

軍隊施行「報復」的情事，普遍發生，記者王思翔報導的以下這個個案，可見一斑：

「在基隆，有一位外省人曾對我慨嘆『報復』之可怕：軍隊上岸了，他們把所捕得的『俘虜』剝掉衣服，令其赤身跪在十字街口，然後用皮鞭和鐵絲、槍托去抽打，一邊用審判官的姿態拷問：『你為什麼造反？』『你們台灣人敢反叛中國？』……被拷打者既不懂得話，即使懂得也無法辯解；於是，在圍觀的外省流氓群拍手稱快之下，活活地打死了。那位敘述這故事的人說，他個人至少親見過兩起這樣的事。」

各種捕殺整肅在全島普遍進行，或未經審訊即公開處決，或秘密處決，真是罄竹難書。以下摘引中國來台記者王思翔的報導：

「在南部，大屠殺及早便實施了。十二日，南部防衛司令部以『參與暴動』罪，又公開處死市參議會副議長葉秋木、人民自由保障委員會主委湯德章，及記者沈瑞慶等六人。」

「配合著公開的大屠殺，還有掩耳盜鈴式的秘密的恐怖手段。在基隆、台北、台南、高雄等地，尤其是基隆、台北，大逮捕隨軍事『佔領』而開始。首先是起義領袖、工人、學生、地方士紳，以及參加統治階層派系鬥爭的反對派，並及於不滿國民黨統治和不同為惡的外省籍人員，一經逮捕，多

基隆市228事件
衝突地點

資料來源：《基隆雨港二二八》一書

●基隆港區：國軍二十一師的船艦未靠基隆港西二碼頭前，先用機關槍對陸地路人掃射，死傷慘重，國軍登陸後，軍警搜索大肆抓人，後來把抓來的人帶到東岸停車場（昔為海灣），用鐵絲串成一排，開槍後將人推下海，造成基隆港浮屍處處。

●田寮河：軍警在基隆市區到處抓人，稍有抗拒直接開槍射殺，將屍體踹入田寮河中。

●八堵火車站：三月十一日上午，要塞司令部史宏熹之弟史國華率兩輛卡車包圍基隆市八堵火車站，先射殺數人；並將站長、副站長、八名職工載上軍卡，自此音訊全無。台鐵員工共有十七人因此喪命。

●和平島（社寮島）：國軍數十人持槍闖進，到社寮島船寮把廿幾個人拉走，有的事後用錢贖回，沒錢贖回的都被槍斃。

（整理：記者俞肇福編）

八堵火車站二二八紀念碑。
（記者俞肇福攝）

不加訊問，立即處死：或裝入麻袋，或用鐵絲綑縛手足，成串拋入基隆港、淡水河，或則槍決後拋入海中；或則活埋；亦有先割去耳、鼻及生殖器，然後用刺刀劈死者……。每夜間，均有滿疊屍體的卡車數輛，來往台北—淡水或基隆間。至三月底，我在基隆候船十天，幾乎每天都能看到從海中漂上岸來的屍體，有的屍親圍坐而哭，有的則無人認殮，任其腐爛。

為這種酷刑秘密處死的，包括國大代表張七郎（及其二子），林連宗，王添灯，參政員、台大文學院長、民報社長林茂生，日本問題專家、前教育處副處長、人民導報社長宋斐如，基隆市副參議長楊元丁，新生報日文版總編輯吳金練

專賣局台北分局前的軍警與屍體。

等。據一個基隆市警察局小職員（後來開小差了）告訴我，就他目睹耳聞所及，單就基隆市警察局而言，在要塞司令部指揮下，投人入海者達二千餘人。這真是無法計數的血帳；當時台灣旅滬六團體所發表報告書稱『自八日至十六日，台胞被屠殺之人數，初步估計在一萬人以上』，應算是謹慎的估計。

而被捕下獄者，大都數十人鎖禁於一暗室中，除每日供給白飯二次外，數月不聞問，不准親屬探視，患病及受刑成病者亦不置理。軍憲、警察、特務以及以征服者自居的外省人等，都可以隨時隨地捕人，公開綁架，甚至可以在辦公室內隨意捉人，長官公署教育處和基隆市政府內中級職員多人亦被綁去。」

「經過數日夜的捕殺之後，十四日警備總部發表公告，稱：『至三月十三日止，全省已告平定』，即日『開始肅奸工作』，進入『綏靖階段』云。」

在「綏靖」之後，所謂「清鄉」又接踵而來。許多軍隊假借「清鄉」之名，繼續濫殺，且搜括勒索，篇幅所限，就不再例舉。

以上中國軍官與中國記者的見證，已足夠顯示這場屠殺的殘酷，如果再佐以國際媒體以及本地人的親臨見證，史料更歷歷在目。二二八事件，當然是一場如假包換的屠殺。只是當今每個台灣住民，能不能勇敢面對這段歷史，記取教訓。

■ 在二二八事件中
彭孟緝真的在鎮「暴」嗎？

原載二〇〇五年八月台北二二八紀念館《和平鴿》第五期

在二二八事件後被民間稱為「高雄屠夫」的彭孟緝於一九九七年十二月十九日過世，他的兒子彭蔭剛於一九九八年一月九日在報上刊登啟事，為其父在二二八事件中的責任辯護，引起二二八受難家屬及許多民眾的不滿。

彭蔭剛為父親辯護，出於一片孝心，我們當然可以理解。但正因為是在替自己的父親說話，難免會因親情而影響對歷史事實的認知。身為台灣的歷史研究者，我忍不住想講幾句話。

彭蔭剛在刊登的啟事中，敘述其父彭孟緝在二二八事件中的作為，這樣說：「……隔年（民國三十六年）台北發生二二八事件後，三月六日延伸至高雄市。當日因暴徒涂光明等人攜械挾持市長黃仲圖及議長等人為人質赴高雄要塞要脅先父投降，並要求將日軍投降繳械之數師武器裝備，全部交予暴徒，否則以火燒高雄要塞做恐嚇。先父因事變後奉命為台灣南部地區負責人，對此無理要求當即斷然拒絕，並在黃市長要求下派兵援救被暴徒佔領之高雄市政府……。」

對於彭蔭剛以上的敘述，我必須提出以下幾點說明或質疑：

一、涂光明不管他個性如何激進，也不論他採取何種行動，他絕不是「暴徒」，這個理由很簡單，就如同孫文不論採取什麼激烈手段，他絕不是滿州政權所說的是「大寇」一樣。打家劫舍、殺人越貨如陳進興者流，才叫做「暴徒」、「大寇」，抱持社會正義與理想的反抗者、革命者，或改革者，不論其採取什麼手段，亦不論其理想內容如何，不能以「暴徒」、「匪寇」視之。這點基本認識如果不懂，沒有資格跟人家談歷史。

二、不過關於涂光明的角色，並非不能討論。有關他與市長黃仲圖、議長彭清靠對立之說，楊金虎在其回憶錄中也有類似的講法。但至於說「涂光明攜械挾持市長黃仲圖及議長彭清靠等人為人質赴高雄要塞要脅彭孟緝投降」，則未免拗得太過。彭清靠之子彭明敏教授對此事有完全不同的說法，試看他的一段回憶：「高雄是成立處理委員會的十七個城市之一，而父親（彭清靠）被選為主席。在這不安的過渡期間，他們要負責維持法律和秩序，還要磋商改革建議，以供台北的中央委員會（按：應指省級的二二八事件處理委員會）做參考。因此，委員會決定要求高雄要塞司令彭孟緝，禁止他的士兵再繼續射擊市民或威脅委員會。他的巡邏隊每看到台灣人集合在一起，便隨意射殺。父親率領的代表團是要前往要求彭孟緝撤退那些巡邏隊，而在地方領導者應陳儀要求而集會討論改革建議期間，將軍隊暫留住軍營內，不准外出。」

到底彭孟緝的兒子彭蔭剛說的對，還是彭清靠的兒子彭明敏說的對？我們從以下的反思，也許可以得到理解：如果彭清靠是受涂光明挾持的人質，那麼彭孟緝既然不受涂光明的威脅而將之槍決，則理應解救人質彭清靠才對，但事實是，彭清靠跟其他同往的代表林界、曾豐明等人也一樣被逮捕，林界、曾豐明最後跟涂光明一樣遭彭孟緝下令槍決，彭清靠雖免一死，卻受盡苦刑凌辱，「被繩索綑綁，在頸後打結，士兵不停地用刺刀指向胸部」（見彭明敏回憶錄《自由的滋味》）。再說，上山的幾位代表，手無寸鐵，竟敢要脅擁有重兵的要塞司令彭孟緝放下武器投降？難怪楊金虎在回憶錄中問道：「無武裝的老百姓集團要求武裝機關解除武裝真是亙古未有之笑話。」

三、彭孟緝最不可原諒的是三月六日派軍隊在高雄市政府的大屠殺。涂光明等人被處決、彭清靠被拘押之後，彭孟緝接著下令士兵從山上開入市區，包圍正在市府禮堂開會的二二八事件處理委員會。部隊將市府大門封閉，然後以機槍向沒有武裝的開會人士掃射。頓時，哀嚎慘叫聲四起，誠如楊金虎在回憶錄中提到的：「……市會議員有王石定、黃賜、許秋粽、陳金能……，其他市民代表者亦有數十名，或死在市府禮堂，或來不及逃跑，死在辦公室，及市府前後空地，死狀至慘……」不僅如此，許多中彈倒地未死的人，士兵又以刺刀補上，殘忍至極。一場殺戮後，士兵仍封鎖現場，不許民眾及家屬立即進行援救或善後事宜，極不人道。當時台灣旅滬六團體

的調查報告書中敘述到這場屠殺說：「高雄軍隊對集會中千餘民眾用機槍掃射，全部死亡。」

按當時在高雄市政府開會的二二八事件處理委員會，不僅不是一個武裝組織，而且原先亦為陳儀所認可。處理委員會的大部分委員甚至還扮演著安撫武裝民兵促其不要衝動的角色。事實並非像彭蔭剛所說的「暴徒佔領高雄市政府」。

一九四七年三月五日《民報》關於高雄市的新聞。

　　在高雄市府的這場屠殺之後，彭孟緝也配合當時全島的大整肅，開始四處捕人捉人，許多社會領導菁英紛紛被捕捉，像楊金虎、王清佐、郭萬枝、蔣金聰、王咚……他們最後雖僥倖免死，但卻受盡刑辱，有些人甚至被打成殘障。至於在高雄火車站前槍決「人犯」的場景，恐怕更是人性殘酷的一項紀錄吧！試看彭明敏在《自由的滋味》中的一段記述：「家人被迫在火車站前廣場觀看父親或兒子被槍決；在槍決之前，還有許多慘絕苦刑加諸人犯。」

　　經過這場血腥殺戮，彭孟緝事後非但沒有任何政治責任，反而被記大功二次，傳令嘉獎，並於事件二個月後被蔣介石擢升為台灣警備總司令，且於次年元旦敘勳，奉頒四等雲麾勳章。以後更在政壇上平步青雲，繼續為白色恐怖統治的蔣政權效命。

　　想起韓國光州事件的元凶全斗煥被韓國民眾追究，終而判處重刑，兩相比較，我忍不住喟嘆——台灣民眾到底是寬宏大量？還是麻木不仁？

當時的高雄要塞司令彭孟緝，民間稱他「高雄屠夫」。

■ 從數則新聞史料
看二二八事件死亡人數

二二八事件到底死亡多少人？在那個亂無章法的時代裡，這個數字至今仍是一個謎。我們最常聽到的講法，死亡人數約在一萬至兩萬人。雖然沒有精確的數字，不過，事件發生的一、兩個月後，出現在中國大陸上的媒體評論中，已經隱約透露死亡人數的大約數目。以下試舉數則：

南京《建設日報》的見證

一九四七年三月九日南京的《建設日報》頭版新聞報導，該報記者訪問剛從台灣進行二二八事件調查回南京的張邦傑，談到「此次台不幸事件，民眾死傷三四千人，實為台人無限血淚悲痛」。報紙係三月九日出刊，可知此消息最遲在三月八日採得，而當天正是國府軍隊登陸基隆展開所謂「綏靖」的日子，可見南京《建設日報》透露的「民眾死傷三四千人」只是事件爆發九天之內的數字，真正更大的死傷才正要開始。

三天後的南京《建設日報》（一九四七年三月十二日）第三版一篇題為〈陳儀台灣治績〉的文章也指出：

台亂未已

（36·3·9，南京「建設日報」，第一版）

警察放下武器

軍隊退出城市

台灣事件，據台北本報訊：台灣自二二八事件發生後，全島騷然，小販與自二二八日起台北市面擾亂，紛紛罷市、警察放下武器、軍隊退出城市、現已蔓延全島，地方秩序仍在混亂中，現居台灣各地之京滬人民，高雄二市尚安處置，但各縣市秩序仍紛紛罷市、台南、嘉義、高雄一帶仍在慘然小販南、一帶致成慘劇。

台灣旅京人士，經過謁見處理委員會，辦理接洽退出管理，接洽善後問題，要求協理處理大亂已甚，由台灣旅京同鄉會先後謁蔣主席及張邦傑、謝南光諸氏返台協理，但事件仍不幸幸未惡化，陳儀、柯遠芬官暴虐施政，民眾死傷慘重，請願者亦遭殘殺，此次慘案發生後，台灣旅京人士紛紛向京內各機關請願，望中央政府嚴定善後辦法。

八日晚據理論實際後一時，內幕消息傳出，日前大千人人之民會議，對此信任案，此次變失幸對人民對政府仍無信心，陳儀雖欲為酷愛無先血待斃狀況，本市新聞界結束，其此次慘案來因，不是幸為事件各樓、經過詳情，已為之一日入邦席推及述先招待者重況，悲慘永不聊生，民不聊生。

暴虐施政大失民望，

捐稅奇重民不聊生

「二月廿八日台北專賣局武裝軍警因在市內檢查『非專賣』香菸非法拘捕小販，並開槍擊殺平民二人，激起群眾向長官公署請願，復被衛隊用機槍掃射，民眾逃X之餘，更遭無情追殺。流血慘劇延續數十小時，風潮蔓延全島，死傷人數達三四千人之多。不僅為過去日本帝國主義軍閥時代所未見，及三十年前號稱最野蠻之『打吧呢』屠殺事件（按：噍吧哖事件），亦不能與之相提並論。嗚呼！台胞何罪，遭此

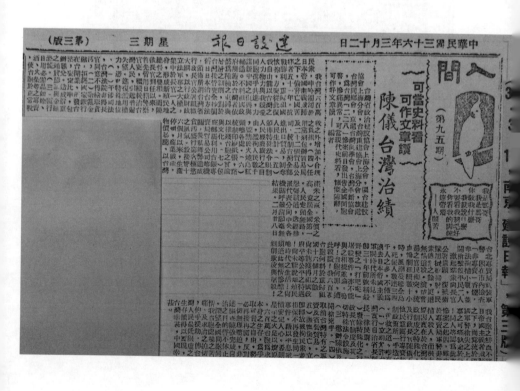

殺戮……。」

　　這則三月十二日的新聞，應該是在三月十一日發稿，可見三月十一日為止，作者已經認為死傷人數是在三、四千人，而此時所謂「綏靖」（屠殺）才剛開始，往後的死亡人數當然更加激增。

上海《時與文》週刊的見證

　　本書第三篇中，介紹過的余景文〈台灣政治運動的由來與內幕〉一文（載上海《時與文》週刊第十五期，一九四七年六月二十日出版），有如下的敘述：

　　「現在離『二二八』已經兩個月以上了。台灣政府當局雖然結束了清鄉綏靖，而事實上恐怖手段卻有加無減。經過了這麼大規模的騷動，失業者顯著地增加起來了。只要社會間有矛盾存在，這矛盾達到了一定程度時，總會爆發出事件來的。現在政府想用恐怖手段來解決問題，但如果不從根本去消除社會的矛盾，真正提高人民的經濟生活、政治生活、以及文化生活，我們相信一切的措施都無濟於事。

　　在這次事件中，台灣犧牲了幾萬同胞，但台胞得到的教訓可說是很多。」

　　以上的資料透露「台灣犧牲了幾萬同胞」，亦即死亡人數

在數萬人，這個數字確實令人怵目驚心。

此外，我們如果回顧本書前面引述過的史料，也可以找到死亡數目的紀錄，我們不妨重複援引其內容，以便查尋：

香港《青年知識》雜誌的見證

史堅的〈台灣的災難〉一文（香港《青年知識》二十期，一九四七年三月十六日出版）提到：

「在這種情況之下，台灣人民對祖國又一次大大的失望。二二八事變終於迫成了，以反對陳儀承襲日寇的專賣制度為導火線，台灣人民在台北起了暴動，當局以武力彈壓，弄得死傷萬人以上。」

史堅的文章刊登的時間在三月十六日，可以斷定他執筆的時間應更早於三月十六日，而此時正是大逮捕、大整肅的行動如火如荼展開之際，可知死亡人數在史堅執筆之後必然還在增加。因此，實際死傷人數，必定比史堅在文章中說的「死傷萬人以上」的數目更多。

中國記者王思翔的見證

　　前篇介紹過的記者王思翔的《台灣二月革命記》中，也有他對死亡人數的肯定：

　　「……這真是無法計數的血帳；當時台灣旅滬六團體所發表報告書稱：『自八日至十六日，台胞被屠殺之人數，初步估計在一萬人以上』，應算是謹慎的估計。」

　　王思翔肯定台灣旅滬六團體的報告，死亡人數在「一萬人以上」。而這個數字才只是三月八日到十六日的數目，三月十六日以後的所謂「清鄉」行動中，每天都有人被捕殺，則死亡數目當再增加。

　　由於以上文章發表時間距離事件發生不久，所以文中透露的數字，正反映當時社會的印象，應該還很清晰，因此，其可信度應該很高。

《紐約時報》的見證

　　此外，美國《紐約時報》（New York Times）一九四七年的三月二十九日，也有記者 Tillman Durdin 的相關報導，全引如下，並附中譯（當時稱台灣為 Formosa，故中譯為「福爾摩沙」）：

Formosa killings are put at 10,000

福爾摩沙共有一萬人被殺

Foreigners say the Chinese slaughtered demonstrators without provocation Nanking, March 28, Foreigners who have just returned to China from Formosa corroborate reports of wholesale slaughter by Chinese troops and police during anti-Government demonstrations a month ago.

三月二十八日南京電，外國人士表示，中國屠殺沒有挑釁行為的示威者。剛剛由福爾摩沙返回中國的外國人士證實中國軍隊與警察在一個月前在反政府的示威活動中展開大屠殺。

These witnesses estimate that 10,000 Formosans were killed by the Chinese armed forces. The killings were described as "completely unjustified" in view of the nature of the demonstrations.

這些見證人估計大約有一萬名福爾摩沙人遭到中國軍隊屠殺。以示威活動的態勢看來，屠殺被形容為「毫無必要的」。

The anti-Government demonstrations were said to have been by unarmed persons whose intentions were peaceful. Every foreign report to Nanking denies charges that Communists or Japanese inspired or organized the parades.

參與反政府示威的是一群手無寸鐵，以和平為意念的百姓，所有外電報導都否認有共產黨或日本人鼓動或組織示威遊行。

Foreigners who left Formosa a few days ago say that an uneasy peace had been established almost everywhere, but executions and arrests continued. Many Formosans were said to have fled to the hills fearing they would be killed if they returned to their homes.

幾天前剛離開福爾摩沙的外國人士表示，各地已經確立緊張的表面平靜，但是槍決與逮捕仍然持續進行。許多福爾摩沙人已經逃到山中，他們擔心一旦回到家中就會遭到殺害。

Three Days of Slaughter
三日屠殺

An American who had just arrived in China from Taihoku said that troops from the mainland arrived there March 7 and indulged in three days of indiscriminate killing and looting. For a time everyone seen on the streets was shot at, homes were broken into and occupants killed. In the poorer sections the streets were said to have been littered with dead. There were instances of beheadings and mutilation of bodies, and women were raped, the American said.

　　一位剛由台北回到中國的美國人表示，中國軍隊三月七日抵達台灣後，展開三天的無差別屠殺與搶劫，任何人只要在街上被看到就被槍殺，房屋被闖入，所有的居民都被殺害，最嚴重的地方，街頭屍橫遍野，有些人的頭被砍斷，有些被分屍，婦女遭到強暴。

Two foreign women, who were near at Pingtung near Takao, called the actions of the Chinese soldiers there a "massacre." They said unarmed Formosans took over the administration of the town peacefully on March 4 and used the local radio station to caution against violence.

　　兩位接近屏東地區的外籍女士稱中國軍人的行為「大屠殺」，他們說，沒有武裝的福爾摩沙人在三月四號和平的佔領市政府，並用廣播要求大家不要使用暴力。

Chinese were well received and invited to lunch

with the Formosan leaders. Later a bigger group of soldiers came and launched a sweep through the streets. The people were machine gunned. Groups were rounded up and executed. The man who had served as the town's spokesman was killed. His body was left for a day in a park and no one was permitted to remove it.

中國人被善待還被邀請到福爾摩沙人領袖的家中共進午餐，但是稍後，更大群的軍人到達，用機關槍對街上人民掃射，許多人被集合起來集體槍決，鎮上的發言人被殺害，他的屍體被丟棄在公園中一整天不准收屍。

A Briton described similar events at Takao, where unarmed Formosans had taken over the running of the city. He said that after several days Chinese soldiers from an outlying fort deployed through the streets killing hundreds with machine-guns and rifles and raping and looting. Formosan leaders were thrown into prison, many bound with thin wire that cut deep into the flesh.

一位英國人也描述發生在高雄類似的事件，福爾摩沙人佔

領市政府，幾天後中國軍人由外港登陸，用機關槍、步槍搶劫與強姦婦女，共有數百人遭殺害。福爾摩沙人的領袖被逮捕入獄，許多人被鐵絲穿過身體串成一串。

Leaflets Trapped Many
許多人被傳單所騙

The foreign witnesses reported that leaflets signed with the name of Generalissimo Chiang Kai-shek promising leniency, and urging all who had fled to return, were dropped from airplanes. As a result many came back to be imprisoned or executed. "There seemed to be a policy of killing off all the best people," one foreigner asserted. The foreigners' stories are fully supported by reports of every important foreign embassy or legation in Nanking.

外國見證人表示，飛機灑下一張由蔣介石簽名，保證寬大，力勸所有在逃難的人返回家園的傳單，結果許多人回家後遭到逮捕與槍決。一位外籍人士補充，看來有個政策打算殺害所有的菁英，這些外籍人士的故事得到所有重要外國使館與南京官方的證實。

Formosans are reported to be seeking United

Nations' action on their case. Some have approached foreign consuls to ask that Formosa be put under the jurisdiction of Allied Supreme Command or be made an American protectorate. Formosan hostility to the mainland Chinese has deepened. Two women who described events at Pingtung said that when Formosans assembled to take over the administration of the town they sang "The Star Spangled Banner."

　據報導，福爾摩沙人正要求聯合國採取行動，有些人聯繫外國大使，要求將台灣交由聯軍最高統帥治理，或是成為美國的保護地。福爾摩沙人對中國人的敵意已經加深，兩位描述發生在屏東事件的女士表示，當福爾摩沙人佔領市政府時唱的是美國國歌。

■別拿三立的失誤遮羞

原載二○○七年五月十一日《自由時報》〈自由廣場〉「李筱峰專欄」

　　三立電視播出「二二八走過一甲子」特別報導時，我就注意到其中大約有二十秒的鏡頭是國民黨當年（約一九四八、四九年之間）在上海集體處決左翼青年的鏡頭。我在家中看到這段電視鏡頭時，對身旁的內人說：「糟了，這一段不是二二八事件的場景。」內人反問我：「你怎麼知道不是？」我說，一般人可能看不出來，但是我特別清楚，因為我在拙著《台灣人應該認識的蔣介石》一書中，也是將一張同樣這個場景的插圖，誤為一九二七年「清黨」大屠殺的場景。內人說：「那有什麼關係？還不都是國民黨在殺人！」我說，沒錯，不過時空有別，歷史還是力求精確較好。內人又問，二二八事件時國民黨軍隊槍斃人的景象，和三立的這個畫面像不像？我說，像極了！從長輩目擊者的口述中，有許多場景就是那個樣子。例如在嘉義車站前廣場處決畫家陳澄波、三青團嘉義分團主任陳復志，以及幾名嘉義市參議員潘木枝、盧鈵欽、柯麟等人時，也都是將

他們雙手反綁在後，背部插了一個牌子，槍斃示眾。內人說，
既然很像，說不定三立電視台的製作單位是想借用類似的鏡頭
來代表，就像是建商的廣告沒有實景而用示意圖一樣。我說，
說的也是，反正這個鏡頭是示意圖也罷，是代表性畫面也可以，
它並不影響整個節目對二二八事件的歷史解釋。

　　然而，就在節目播出而得到社會熱烈迴響的兩個多月後，
親中媒體和政客們果然拿這段畫面出來大作文章了。聯合報以
頭版大篇幅指控三立的報導「造假」；擅長編造新聞的 TVBS
也在政論節目上跟著窮追猛打，好像從此可以一雪「瀝青鴨」、
「黑道影片」等假新聞之恥；更可笑的是，洪秀柱等國民黨立
委痛批三立利用假新聞製造真仇恨。國民黨更有人指三立畫面
誤導觀眾，損及國民黨形象及名譽，因此他們準備提告。

　　藍營媒體與政客的反應，讓我聯想到，有一個殺人越貨的
兇手，振振有詞辯稱：「你們怎麼可以拿我在甲街犯案的照片，
來污衊我在乙街殺人？」

　　藍營的蠢蛋們，以為將三立電視台誤植的鏡頭污衊為「造
假」，就可以掩飾國民黨軍隊在二二八事件中大屠殺的罪行？

　　三立電視台誤植的畫面（國民黨槍斃左翼青年），與二二八大屠殺，時間只差一年多，但是二二八的大屠殺，有許多地方絕對比三立誤植的鏡頭更加殘酷。我在二月廿五日本專欄〈一九四七年三月八日〉一文中，已經舉了許多史料來見證這場屠殺。以下再補充一些史料，足證其殘酷——

　　先看外交名人張超英一段有關二二八的回憶：

　　「我家對面有一個修理腳踏車的人『阿輝仔』，……阿兵哥去他家裡盤查，發現窗沿有用過的子彈，就被抓走。馬上被押到雙城街那邊的田地上槍斃。我親眼看見他雙手被綁、頭被砍的死狀。」（詳見《宮前町九十番地》）

　　家住基隆，時年十歲的許曹德，躲在門縫邊看到軍隊舉槍對任何起疑的人，無論大人小孩一律射殺的恐怖鏡頭。他回憶說：「街上任何人物移動、任何抗拒，當場射殺。……射殺一個人就像踩死一隻螞蟻一樣。」（詳見《許曹德回憶錄》）

　　台灣旅滬六團體於事件時曾組團回台觀察，並提出報告，指出全島多處民眾遭屠殺，「屠殺方法殘酷無倫」，試節錄其中數則來看：

　　「（一）基隆軍隊用鐵絲穿過人民足踝，每三人或五人為一組，捆縛一起，單人則裝入麻袋，拋入海中……

　　（二）高雄軍隊對集會中千餘民眾用機槍掃射，全部死亡。

　　（三）台北別動隊使用機槍及坦坦彈殺害平民。

（四）基隆軍隊割去青年學生二十人之耳鼻及生殖器，然後用刺刀戮死。

（五）台北將所捕平民四、五十名由三層樓上推下，跌成肉餅，未死者再補以刺刀……」

罄竹難書的史料，讓人看了天天做惡夢。這些屠殺，如果有攝影機拍下來，保證比三立電視台誤植的鏡頭還要殘酷數倍。國民黨人不知反省，還好意思拿三立的失誤試圖遮羞，真是無恥至極！

卷 三——菁英遇難

■ 走過二二八菁英受難的地方

原載二〇〇七年三月四日《自由時報》〈自由廣場〉「李筱峰專欄」,刊登時編輯改題目為〈環島〉

走過基隆海邊,這裡不只有成群驚慌的青年,手腳被用鐵絲貫穿成串,集體槍殺入海,這裡也是基隆市參議會副議長楊元丁等人遭槍殺後被棄屍的地方!據聞物理博士、淡水中學校長陳能通也在這裡遭雙腳綁石槍殺棄入海中!

走過八堵車站,想起這裡不僅是個殺戮場,站長李丹修等十三人也是在此被抓,一去不回!

走過南港橋,想起高等法院推事吳鴻麒、專賣局專門委員林旭屏、醫師鄭聰遭殺害後都被棄屍在橋下!

走過淡水河,想起台灣第一位哲學博士、台大文學院代理院長林茂生。聽說他被殺害後,棄屍河中;又聽說遭憲兵團長張慕陶下令淋汽油燒死的省參議員王添灯,也被棄屍在這裡!

走過宜蘭頭城的慶元宮前,想起省立宜蘭醫院院長郭章垣,以及蘇耀邦老師等七名地方人士在這裡被槍殺!

走過蘇澳白米橋附近,想起這裡是張雲昌老師遇害的所在!

走過南方澳海邊，想起疼愛台籍學生的外省老師趙桐，也被國民黨軍隊在這裡殺害！

走過花蓮鳳林，想起制憲國大代表張七郎醫師，以及兩個醫師兒子張宗仁、張果仁，於同一晚無故被捕，當夜三人即被槍斃於鎮郊的公墓，身上衣物被剝洗一空！

走過屏東市郵局前的三角公園，想起急公好義的屏東縣參議會副議長葉秋木等人，在這裡被槍斃示眾。

走過高雄壽山，想起新生報印刷廠廠長林界、醫師范滄榕等人在這裡遭彭孟緝槍殺；走過高雄愛河，想起河旁市府禮堂內正在開會的人士遭軍隊集體掃射。

走過高雄岡山的火車平交道旁，想起岡山教會牧師蕭朝金，在受盡酷刑（耳、鼻都被割掉）之後被槍斃於此。他當時勸年輕人勿輕舉妄動，卻仍遭不測！

走過台南市民生綠園，想起見義勇為的湯德章律師，在這裡被處決，圍觀的民眾飲泣心碎！

走過嘉義火車站前，想起著名畫家陳澄波、三青團嘉義分團主任陳復志，以及數名嘉義市參議員潘木枝、盧鈵欽、柯麟

等人，在這裡被槍決示眾！

還有太多的台灣社會菁英，我不知道他們在哪裡遇害？陳屍何處？

例如從哥倫比亞大學回來的台灣本土金融先驅陳炘；省教育處副處長宋斐如；台北市律師公會會長李瑞漢、李瑞峰兄弟；醫學博士施江南；《台灣新生報》總經理阮朝日；《台灣新生報》日文版編輯吳金鍊；台北市參議員黃朝生、徐春卿、李仁貴、陳屋；前新竹地檢處檢察官王育霖；省參議員兼制憲國大代表林連宗；抗日運動社運家廖進平……等等。

我是否經常走過他們受難之處？我心痛如絞。他們如果能假以一個合理的國度，這些菁英足可組一個堅強的內閣。他們無一人造反，卻遭殺害；但是，馬英九硬將這場屠殺說成「官逼民反」。

想起這些蒙冤受辱的菁英，我淚眼矇矓。但是我們不可提，我們一提這些歷史，國民黨的郭素春者流就會罵我們「撕裂族群」；國民黨黨營電視台主播沈春華就會質問我們「是不是要殺光外省人、殺光國民黨？」不過，如果比起吳伯雄，他的二伯父（吳鴻麒，與乃父同卵雙生）遭國民黨殺害，他不僅不曾替二二八家屬伸冤講話，卻還能在國民黨陣營長期當官享俸，我就更不知道要說什麼了！

【著者附記】

　　文中提到林茂生博士屍體被拋入淡水河，有誤。根據阮美姝查獲史料得知，林茂生與陳炘、阮朝日係同一批被帶走，押上一輛吉普車，在六張犁公墓遭槍斃！

二二八受難菁英舉隅

這些在二二八事件中遇難的台灣社會菁英，如果能假以一個正常的國度，他們足以組織一個堅強的內閣。

淡水中學校長 陳能通

專賣局專門委員 林旭屏

台大文學院代理院長
林茂生

省參議員 王添灯

大公企業籌辦人
陳炘

台灣新生報總經理 阮朝日

蘇耀邦老師

台籍學生的外省老師 趙桐

張宗仁醫師

張果仁醫師

三青團嘉義分團主任
陳復志

潘木枝醫師

嘉義市參議員
盧鈵欽

岡山教會牧師 蕭朝金

台灣新生報日文版總編輯
吳金鍊

台灣新生報印刷廠廠長 林界

制憲國大代表 林連宗

台灣省教育處副處長 宋斐如

屏東市參議會副議長 葉秋木

施江南醫師

省立宜蘭醫院院長 郭章垣

范滄榕醫師

台北市受難參議員

徐春卿

陳屋

李仁貴

黃朝生

■最後防線上的冤魂
序《槍口下的司法天平》

原載二〇一二年五月二十七日《自由時報》〈自由廣場〉「李筱峰專欄」

　　戰後的台灣，在諸多方面都較中國進步，這是多數學者的共識。中國作家蕭乾甚至說，中國落後台灣五十年。

　　以司法來看，尤然。以下二例，當可窺知。

　　中國作家沈從文的自述，有一段這樣的回憶：清末，他家鄉湖南的苗人被懷疑參加革命，官衙為了區辨革命分子，竟然要苗人擲筊來決定，一仰一俯的「常卦」或兩杯筊都仰的「陽卦」，就無罪開釋；如果兩筊都俯的「陰卦」，便砍頭處決。這可能是人類司法史上最荒謬絕倫的事。

　　大約五年後（一九一五年）的台灣，發生噍吧哖抗日事件，日本當局逮捕許多涉嫌人之後，有三百〇三人獲不起訴處分。而被起訴的被告，日本司法當局都還幫他們配有公設辯護人，替他們辯護。我初次翻閱此事件的新聞史料時，發現日本是以現代司法的程序，在審判這群傳統農民的反抗，訝然不已。

　　從以上兩例對比，不難窺見台海雙邊的司法的落差。

日本司法的現代性格，有其歷史背景。早在明治時代，著名的「大津事件」就奠下日本司法獨立的根基。事情發生於一八九一年，俄國皇太子訪問日本時在大津遇刺受傷。日本皇室、政府，以及俄國當局都希望將兇手處死刑，但是當時大審院（最高法院）法官卻堅持根據刑法規定，罪不致死，而只判無期徒刑。法官不受政治力量干預的獨立審判精神，為日本司法獨立奠定根基。

日本治台雖然不平等，但是法治精神貫徹，現代司法也在台灣確立。一九二五年的治警事件，一審的日本法官竟然可以判蔣渭水、蔡培火等人無罪，令人咋舌！

在日本現代司法教育下，台灣已出現了一批具有現代司法觀念的法界菁英。然而，這批法界菁英在戰後儘管熱烈迎接「祖國」的來臨，但是「祖國」的「前近代」文化，卻讓他們適應不良。一九四六年十一月發生震驚全台的「員林事件」——地方派出所的員警，竟然可以將前來拘提通緝犯的法警拘押起來，予以槍殺。如此無法無天，開了台灣人五十年未開之眼界！

台灣高等法院推事吳鴻麒在一九四七年一月八日的日記上

這樣寫著：「合議時，張推事全無意見，梁推事又無法律知識，（案件）難辦，感覺不快……。如此無法律智識者不可以為法官也。」這段話，正是戰後台籍法界菁英們的共同心理寫照。翌月，二二八事件爆發，吳鴻麒在他上班的高等法院辦公室內，被穿便服的軍人帶走，慘遭殺害。同樣在事件中遭捕殺的法界菁英，還有林連宗、林桂端、李瑞漢、李瑞峯、王育霖、湯德章、許王辰、陳金能……。另外還有多人遭拘捕，受盡酷刑。

常言道，「司法是社會正義的最後防線」。戰後來自中國的司法，不但扮演不起「社會正義的最後防線」，連司法界的台籍菁英都自身難保。

全國律師公會最近將出版《二二八事件受難法界菁英》，為我們整理出這段辛酸血淚歷史。看著當年那段無法無天的歷史，想著今日「國民黨開的法院」還可以在訴訟中途將不中意的法官換掉、再想著海峽對岸那個關了許多維權律師的政權，正對台灣虎視眈眈。有朝一日他們跨海而來，我們是否還要面臨一次二二八事件？台灣人能不以史為鑑嗎？

台北市律師公會會長　李瑞漢

高等法院推事 吳鴻麒

林桂端律師

檢查官王育霖

陳金能律師

■序《尋找湯德章》

　　我的外祖父林心先生，是日治時代菁英青年薈萃的台北師範學校的第一屆畢業生。他畢業後，隨即被分發到噍吧哖（今台南玉井）公學校任教。他第一年所教的班級（六年級）的班長就是湯德章，即後來二二八事件中遭國民黨軍隊處決的台南名律師。

　　外公在他的《六五回憶錄》（六十五歲時所寫的手稿，未刊行）中，形容他的學生湯德章「為人勤勉誠實，做事有魄力、負責，有點操行不修（按：意指不修邊幅），但有懲強扶弱之氣慨」、「頭腦明晰，做事認真，敢講敢為」。外公嘆息他這位學生，說：「若此人至今在世，也是成為政治舞台之人也，可惜！」外公質樸的文字中，流露出對學生遭遇不測的惋惜，也讓人感受到時代悲劇的無奈。

　　二二八事件當中，許多台南的青年學生去接管警憲的武器，維持地方治安。我的二舅林俊介（當時就讀台南師範學校）也參加接管武器的工作。但是，事後他沒有被捕，原來擔任「二二八事件處理委員會台南市分會」治安組長的湯德章被捕後，他一肩承擔所有責任，並將所有資料及名單事先銷毀，挽救許多地

方人士與學生。所以，湯德章是我二舅的救命恩人。

湯德章被綁赴台南市民生綠園（今湯德章紀念公園）槍決示眾時，我的七舅（家母的么弟）當時約七歲，跑去民生綠園圍觀。他事後回憶說，他當時個子還小，在人群中看不到行刑場景，只看到身旁圍觀的大人們都在啜泣拭淚。

我小學時代即數次聽外公在與大人們聊天時，提到他的學生湯德章，也數次提到二二八事件，都細聲輕嘆，讓我留下深刻印象，也埋下我日後研究二二八事件的動機。

研究二二八事件，必然要了解湯德章。他的生命史，馱負著台灣史的心酸血淚。他的身世，他的角色，他的心路歷程，他的英雄悲劇，足堪後人深省。

湯德章，一九○七年（明治四十年）出生於台南楠西，他的父親是來台的日本警察，母親湯玉是台灣女子。湯父曾擔任南化派駐所調查部長，因為一九一五年的噍吧哖事件被台灣人殺害，父親死後，湯德章遂從母姓。

噍吧哖公學校畢業後，湯德章考入台南師範，因飢餓偷吃宿舍的飯，遭退學。返家耕農，學燒炭，而後應考警察，被分

派台南警察局擔任巡查，之後升到警部。然因不滿日人的歧視待遇，加上他對台灣人特別照顧，引來壓力，被迫掛冠而去。

擔任警察期間，湯德章曾赴廣東支援警界，目睹中國官場的貪腐文化。

湯德章辭職離開警界之後，遠赴日本，進入中央大學法律系隨讀，通過日本高等文官司法人員考試，返回台南執律師業。

二戰後，湯德章出任民間團體台南市人民自由保障委員會主任委員，致力人權保障的工作。一九四六年，競選台灣省參議員，列候補參議員。

一九四七年二二八事件爆發，三月六日「二二八事件處理委員會台南市分會」成立，湯德章被推為治安組長，協助穩定台南局面，曾勸青年學生勿輕舉妄動。

三月八日台南市各界聚集於參議會選舉市長候選人，湯以第三高票，被推舉為市長候選人之一。然而，國府軍隊進入台南後，他於三月十一日以「率領學生佔領警察局」罪名被拘捕。

湯德章為了保護台南地方菁英與學生，在軍人前來逮捕之前，及時將所有資料及名單銷毀，一力承擔所有責任。

湯德章被逮捕後，在憲兵隊受到嚴厲酷刑，他遭受以木片夾手指之刑，手指腫得無法提筷，只能以口就碗吃飯。在反綁懸吊刑求一整夜，肋骨被槍托打斷！

三月十三日湯德章雙腕被反綁，背後插有書寫姓名的木牌，

押上卡車，繞行市街，然後押赴民生綠園槍決。被士兵推下卡車準備接受槍決的湯德章，神情自若，還向四周的市民微笑。行刑的士兵厲聲叱喝「跪下！」湯德章端立不動，破口大罵士兵，並高喊「台灣人萬歲」。子彈穿入湯德章的鼻樑及前額，他仍然傲骨挺然，怒目圓瞪，過些時才倒下……。圍觀民眾隱隱啜泣……。事後士兵不准家屬收屍，任其暴露。

湯德章律師

　　湯德章四十一歲的生命，馱負著台灣歷史的時代悲劇。

　　他的父親遭到抗日的台灣人殺害；但在日本統治下，湯德章以台灣人身份，替台灣人打抱不平，遭日本殖民當局之忌。

　　他到日本求學，被當做是台灣人；中國國民黨來了，他卻又被認定為日本人，成為中國國民黨軍人亟欲除滅的「首惡」對象。

　　在橫跨兩個外來統治者之間，湯德章背負著尷尬、無奈，又吊詭的角色。他是悲劇時代的縮影，但是他的仗義行事，他的見義勇為，他臨刑前的從容就義，是台灣難見的英雄。

　　我很欣慰，也很感謝青年學者黃銘正，為台灣寫下這本湯德章的傳記，一本系統結構嚴謹，卻又文筆生動流暢的傳記。希望能告慰湯德章蒙冤受辱的在天之靈；希望我們台灣的青年後代，不要忘記心酸血淚的歷史。

　　歷史不能忘，悲劇才不會再來。

■台灣哲人的悲劇
—— 林茂生博士紀念館開幕感言

原載二○○四年四月七日《自由時報》〈自由廣場〉「李筱峰專欄」

一八八七年的十月卅日，在台灣台南誕生了一個小孩，他就是後來成為台灣第一位哲學博士的林茂生先生；林茂生出生的隔天（十月卅一日），在中國的浙江奉化，也出生了一個小孩，他就是後來掌握軍政大權的蔣介石。六十年後的三月中，中國的蔣介石下令槍殺了台灣的林茂生。

林茂生與蔣介石兩人的一生，讓我們看到台灣與中國的歷史縮影。

林茂生出生的八年後（一八九五年），台灣被滿清出賣給日本，林茂生自此渡過他所謂的「孤憤楚囚五十秋」的歲月。雖然在日本殖民統治下的半世紀歲月，林茂生以「楚囚」自況，但是殖民統治下的林茂生，卻成就了他作為台灣社會菁英的角色：一九一六年他從東京帝大畢業，成為台灣第一位文學士；一九二七年，他接受台灣總督府的公費赴美國紐約哥倫比亞大學留學，投入當時著名的教育哲學家杜威（John Dewey）和

門羅（Paul Monroe）門下，於一九二九年底獲哲學博士，成為台灣人獲文科博士學位的第一人，也是台灣第一位哲學博士；留學前，他擔任過長老教中學的教務主任、理事長、台南師範學校的教授、台南商業專門學校教授。留學回來後，他出任台南高等工業學校教授。

一九四五年八月中，二次大戰結束，林茂生終於告別「孤憤楚囚五十秋」的歲月，他自以為「從此南冠欣脫卻，殘年儘可付閒鷗」，沒想到，一年半後，他不但不能像海鷗一般的自由翱翔，卻在二二八事件中喪命於他所迎接的「祖國」的槍下！

讓林茂生喪命的，不是別人，而正是慢他一天出生的蔣介石。歷史竟是這樣的吊詭！對於蔣介石，林茂生曾經對他有過特殊的感情，我們可以從林茂生以下這首題為〈**聞南京淪陷寄懷蔣主席**〉的七言律詩看出來，時間在一九三七年底，南京遭日軍攻陷，林茂生寫下了這首七律：「敢將隻手繫安危，最後關頭志可悲。遺囑未能成革命，強鄰先以陷京師。中山墓畔長秋草，江左營前樹旭旗。惆悵金陵城下道，明公從此欲何之。」林茂生萬萬沒想到，他如此掛懷蔣介石，卻在十年後遭蔣介石下令處決。時間來到一九四七年，二二八事件爆發，許多台灣社會菁英慘遭株連。當時擔任台大文學院代理院長的林茂生，於三月十一日無故被捕。在台大臥底的學生特務向國府主席蔣介石報告說，台大學生有不穩情勢，或許是受院長林茂生的影響。蔣介石於是指示「**速即槍決**」！（詳見吳克剛回憶

錄《一個合作主義者見聞錄》）

　　迷信槍桿子的蔣介石，當然不知道他所槍決的是一位具有
民主主義、自由主義與實用主義的人本精神的教育家；而林茂
生當然也沒有了解到曾經在中日戰爭中令他「痛心漢土三千日」
的「祖國」，竟然擁有這樣野蠻的政治文化。

林茂生哥倫比亞大學的博士照。

　　異族統治者的日本，非林茂生心中的鍾愛，卻反而成就了他作為社會菁英的角色；同文同種的中國，是林茂生期許迎接的祖國，卻反而奪走了他的生命。或許，他所不喜愛的，正是他們所熟悉的；而他所期待與寄望的，卻是他所陌生的。

　　不管林茂生如何生疏於那個「祖國」，但是，對於林茂生悲劇的一生，我們不該再陌生了。林茂生博士的一生，是每個台灣子弟不能須臾或忘的歷史，我們必能從中記取教育。

　　在林茂生博士獲得博士學位的七十年後，他的博士論文的漢文譯本才在台灣正式問世（二〇〇〇年出版）；在林茂生博士屈死的五十七年後的今天，林茂生博士紀念館總算誕生，台灣人的歷史感是否太遲鈍了？但遲來的紀念館，總堪告慰茂生先生在天之靈。

　　在林茂生博士紀念館開幕的今天，我紅著眼眶寫下感言數語。祈望哲人的一生，能啟發台灣子民的智慧。

在書房中的林茂生。

■美術節槍斃台灣美術家

原載二〇〇四年三月二十五日華視新聞〈快語台灣〉講稿

今天是美術節。台灣的美術節是怎麼來的？原來，一九四六年的今天，三月二十五日，在中國上海成立了一個上海美術協會，這個美術協會建議當局將這一天定為美術節。原來這就是今天我們在台灣的美術節的由來，這個節日的歷史背景不但平淡無奇，而且跟台灣一點關係都沒有。

中國國民黨統治台灣以來，台灣人過的節日，其歷史典故大部分都起源於中國大陸，而與台灣歷史無關。今天的美術節又是一個例子。從這裡，我們又再一次看到台灣主體地位的欠缺。

非常諷刺的是，就在隔年（一九四七年）的美術節當天，國民黨政府槍斃了我們台灣的一位美術家。他就是台灣最著名、最有成就的畫家之一的陳澄波先生。

二次大戰後，陳澄波曾經出任嘉義地區的「歡迎國民政府籌備會」的副會長，並且加入「三民主義青年團」，同時，又申請加入中國國民黨，他可以說是用行動熱烈迎接他心目中的「祖

國」政府。隔年，他又當選嘉義市的參議員。不幸，一九四七年二二八事件爆發，事件擴及嘉義地區，國府軍隊被民兵圍困在嘉義水上機場，嘉義市的「二二八事件處理委員會」接受和談要求，決定推派代表前往水上機場協商交涉，陳澄波被推為交涉的代表，於是和其他參議員及代表共十二人前往機場。他們載著滿車的水果、物資準備送進機場給國局府軍，不料到了之後卻被拘捕起來。最後，他們沒有經過公開審判，就被綁到嘉義火車站前，公開槍斃。美術家陳澄波被處決的當天，正好是美術節。

拿彩筆的台灣畫家，卻被拿槍桿的中國軍人，奪走了他燦爛的生命，那是台灣歷史上最慘淡昏暗、最不具藝術氣質的歷史。可歎的是，經常以嘉義街頭作為畫畫題材的陳澄波，最後卻喪命於嘉義街頭。一代台灣畫家的身後，卻為台灣史留下淒冽的畫面！

今天我們在過著與台灣沒有關係的美術節，想起台灣前輩畫家的悲劇，想起台灣歷史上的苦難，我們期待台灣的美術家、乃至台灣的每個國民，在培養藝術氣質的同時，都應該立足台

灣，先找回台灣的主體地位。陳澄波先生的悲劇，告訴我們，除了我們腳踏實地的台灣，不要再去寄望虛幻的祖國。

今天，我們台灣又面臨一個外在的霸權的威脅，他們自命是台灣的祖國，卻制定所謂「反分裂國家法」試圖侵吞民主自由的台灣。明天三二六，我們有一個大規模的遊行，請所有台灣人民勇敢站出來，向中國霸權嗆聲！起來！不願意做中國奴役的人民起來，一起為民主自由、獨立自主而走！

畫家 陳澄波

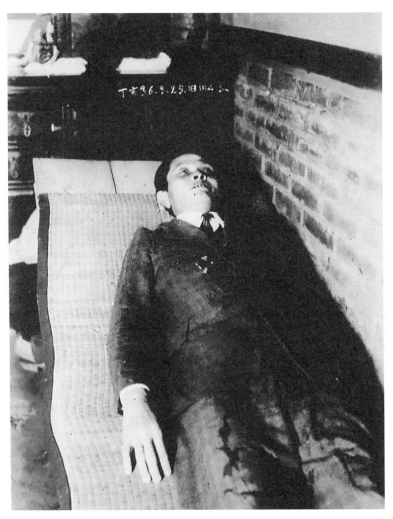

陳澄波被中國國民黨軍隊在嘉義火車站前廣場槍決後，不許家人立刻收屍，曝屍半日，直到下午才准運回家中。夫人張捷找來攝影師，留下這張淒冽的鏡頭！陳澄波雙眼未瞑目，胸前彈孔清晰可見，但是今天的年輕人對這段歷史，已模糊不清。

■ 歐陽文的畫與影
—— 台灣史心酸血淚的結晶

　　歐陽文先生和他的老師陳澄波，是台灣畫壇的一對師生，這對師生卻馱負著台灣史的心酸血淚！

　　陳澄波在日治時代就為台灣美術運動掀開序幕。然而，這位曾被形容為「油彩的化身」的大畫家，卻在一九四七年二二八事件中，因代表「二二八事件處理委員會」，與其他嘉義市參議員共十二人，前往水上機場與國府軍隊交涉，而被拘捕起來，未經公開審判，最後被綁赴嘉義火車站前廣場，槍斃示眾。陳澄波被處決的當天，正好是美術節。拿彩筆的台灣美術家，卻被拿槍桿的中國軍人，奪走了他燦爛的生命。可歎的是，經常以嘉義街頭作畫的陳澄波，最後卻喪命於嘉義街頭。一代台灣畫家的身後，卻為台灣史留下了淒冽的畫面！

　　陳澄波的學生歐陽文，親眼目睹了恩師被處決暴屍的場景。因為歐陽文在事件中也參加反抗國府軍的行動，所以在陳澄波被殺後，歐陽文逃亡隱匿，後來到台南永福國小教美術。但終究躲不過白色恐怖的劫數，於一九五〇年在永福國小宿舍被捕，時年二十八歲，被判刑十二年。

　　歐陽文原本有很好的世家，他在一九二四年（日本大正十三年），出生於嘉義一個醫生的家庭。自小就喜愛繪畫、攝影。少年時在嘉義公園目睹陳澄波作畫，因而立志當畫家。公學校畢業後，他到早稻田大學文科（預科）就讀，還到當地的畫院學習繪畫。一九四三年畢業返台後，歐陽文跟從陳澄波學習油畫。二次大戰後，歐陽文任教於嘉義崇文小學，曾擔任嘉義市國民學校視導委員的藝術科指導員。然而，戰後來自中國的腐敗官場文化，卻讓歐陽文走上反抗的道路，改變了他的一生。

　　在身陷囹圄的日子裡，歐陽文還曾經一度遭遇未經施打麻藥而被強割盲腸做實驗，從死亡線上掙扎過來。

　　在火燒島（綠島）的歲月中，他受盡折磨。一九五〇年代政治犯在綠島搬石頭自築所謂「長城」，成為一項重要的勞動。歐陽文曾經這樣自我調侃說：「我們這群政治犯是世界上最憨呆的人，竟然搬石頭築圍牆把自己關起來。」

　　有一次，當時任國防部總政戰部主任的蔣經國巡視綠島監獄，歐陽文被指派為攝影師，並被准許建立簡易暗房。歐陽文

趁攝影長官之時，藉機拍攝島上的人文風情，為一九五〇年代的綠島留下紀錄照片，直到一九九四年陳水扁擔任台北市長時，照片才首次曝光。

歐陽文出獄後，曾經當過臨時流浪工人，在馬路上鋪柏油、清理水溝，過著顛沛流離的生活。然而藝術的動力，終於讓歐陽文又重拾彩筆。他的筆端流露出台灣歷史的苦難，但更激勵出堅毅不撓的新生。

幾年來，歐陽文老師開過幾次重要的油畫個展——「屠殺後的重生」、「新的喜悅—火燒島之歌」、「勇敢的台灣人」、「抵抗的美學」、「悲情昇華」、「歷史現場與圖像」、「悲慟中的堅毅與昇華」、「凝視台灣」……。

二〇一〇年一月，在他舉辦的最後一次畫展「春天的百合」時，歐陽文老師說：「十二年的牢獄，三十餘載磨難，重新回到畫布前，我卻再也揮灑不出當年最受恩師——陳澄波欣賞的那種粗獷有力的線條、沉鬱渾厚的色塊。」

也許那是歐陽文馱負著師生兩代悲情太久的症候群吧？這齣悲情，也正是台灣歷史悲劇的縮影。

二〇一二年三月二十日歐陽老師走完他悲劇的一生。

我翻閱歐陽老師的繪畫與攝影，睹畫影，念斯人，又把我帶入他所馱負的台灣歷史的苦難。滄桑血淚的台灣史，配著歐陽文老師的畫影來細讀，刻骨銘心，我忍不住裂心低泣……。

作畫中的歐陽文。

■張家的悲劇‧台灣的苦難

原載二○一○年四月四日《自由時報》「李筱峰專欄」，原題〈63 年前的今天〉

　　一九四七年四月四日，有一齣悲劇發生在花蓮縣鳳林鄉的一個家庭。那不只是一個家庭的悲劇，更是整個台灣的大悲劇，是台灣苦難歷史的縮影。

　　什麼！又有人在叫囂「不要老是沉浸在悲情，要走出悲情」？

　　可是今天的許多青年人從來不知道台灣有過這種悲情，叫他們如何「走出」悲情？在走出悲情之前，讓我們先走入這段每個台灣人都不該遺忘的悲劇。

　　一九四七年四月四日，二二八事件已經爆發了三十六天，中國軍隊已經在全島多處進行了幾場屠殺，許多菁英也已分別在各地被捕遇難。原本平靜的花蓮鳳林鎮上，由於中國整編廿一師的部分部隊在三天前開進這個小鎮，築陣地、建軍壘，民心為之惶惶。於是就在這一天，地方人士為了向軍隊表示誠意，乃於傍晚設宴招待駐軍。鳳林鎮上的首號菁英，時任制憲國大

代表，也是花蓮縣參議會議長的張七郎醫師，理當參加這次宴
會。但是由於他自從三個多月前到南京參加制憲國民大會回來
之後，一直臥病在床，乃囑長男張宗仁醫師代理父親參加晚宴。

　　誰能料到，宴畢席散，張宗仁才剛回到他們家的仁壽醫院，
就有該連士兵前來謊稱連上士兵多人患病，請張醫師前去診治。
張宗仁立刻前往，去後卻立刻被拘押起來。隨後，這批才剛接
受招待的「國軍」，又派員來到仁壽醫院和位於郊區的張家住
處，押走張七郎和次男張依仁（醫師）、三男張果仁（醫師）。

　　由於次男張依仁身上被發現有一枚現職軍醫上尉證章，又
詢悉曾獲蔣介石獎飾，倖免於難。然而其餘張七郎和張宗仁、
張果仁父子三人，於當晚十一時許，被軍人押解到鳳林鎮郊的
公墓東側槍斃！他們所穿的衣物被剝洗一空，僅剩內衣褲；張
七郎受兩槍背貫前胸；張宗仁眼眶有層層密密的刀刺傷痕；張
果仁也背受兩槍貫穿前胸，腹部因受刀刺，大腸外露。

　　張七郎的妻子詹金枝經過一天的搜尋，才在翌日傍晚找到
父子三人被丟棄在荒郊的屍體。詹金枝僱用牛車載回沾滿血跡
與泥土的三具屍體，回到家裡，為他們清洗……。父子三人後

來合葬在他們家宅後院。墓碑上刻著一副對聯：「兩個小兒為伴侶；滿腔熱血洒郊原」。

張七郎雖在日本統治下接受醫學教育，但對日政當局極無好感，民族精神甚濃的他，平日居家只講客語，不准孩子講日語。一向不穿和服和日式木屐，只穿唐衫或西裝。他與海外的兒子們通信，一概用漢文，如果孩子用日文寫家書，則必挨罵。

終戰後，張七郎興奮地寫信召喚三個在滿洲的兒子儘速返台，一則服務桑梓，一則重建家園，同享由「自己國人」治理國度的歡欣。為了迎接新來的「祖國」，張七郎在花蓮籌建一個歡迎的牌樓，對聯寫著：「萬象回春事事須把握現在；一元復始處處要策勵將來」，上款則題「天下為公」、「國為民有」。從張七郎遺留下來的習字帖中，我們發現他還寫著：「歡喜江山歸依舊；迎來旗幟慶重新」、「四百餘里鯤身已去復返；五十一年婢僕垂死重生」、「治世三民無慚國父；共和五族一樣弟兄」。張七郎如此認同大中國，萬萬沒有想到，他「迎來旗幟慶重新」的結果，卻反而屈死在他所歡迎的「祖國」的槍下。

這齣悲劇，台灣人能忘記嗎？

張七郎

張七郎與兩個兒子同時被拘捕，未經審判，當天晚上即被押解到鳳林郊外
公墓槍決！父子三人合葬於住宅後院。

■假使蔣渭水不早逝

原載二〇〇六年八月六日《自由時報》〈自由廣場〉「李筱峰專欄」

　　昨天是抗日運動領袖蔣渭水先生逝世七十五週年紀念日。這位當年台灣文化協會的創始人、台灣民眾黨的黨魁，是日本統治當局最感頭痛的人物。今天，也成為藍綠陣營都能接納並一起紀念的歷史人物。藍綠陣營難得有這樣的共識，然而我們不要忘了，過去國民黨有一段很長的時間是相當忽視台灣歷史與人物的，蔣渭水也因此有一段很長的時間被國民黨埋沒在歷史的荒煙蔓草中，而與過去的歷史課本絕緣。直到近年來（特別是馬英九的「有心」），蔣渭水才得到國民黨的青睞。

　　其實現在藍綠都肯定蔣氏，可說是「一個蔣渭水，各自表述」。我們長期肯定蔣氏，是因為他的反抗強權、追求平等自由的正義感。但是國民黨現在為何開始推崇蔣渭水了呢？說穿了，是因為蔣渭水當年曾肯定中國國民黨，並以「中華民族」的認同來抗日，這最符合他們當前的意識型態與「政治正確」了。

　　回到蔣渭水的時代，他以「中華民族」的論述抗日，對國民黨有所期待，一點都不奇怪，但是歷史不能只挑自己喜歡的部分來強調，而應有更宏觀的視野。值得我們進一步了解的是，許多同樣以「中華民族」的論述抗日，對國民黨有所期待的蔣渭水昔日同志們，到了國民黨來了之後又是怎樣的下場？

　　假使蔣渭水不早逝，而能親眼看到他心中的「祖國」來臨，他會不會很失望？這個答案是肯定的，道理很簡單：他的許多同志們在戰後都很失望，為何有正義感的蔣渭水不會失望？我甚至還可以更大膽斷定，假使蔣渭水不早逝，也絕對逃不過二二八事件的劫難。何以見得？看看蔣渭水的家人和昔日同志們在二二八事件中的遭遇，就可明白。

　　蔣渭水昔日民眾黨或抗日陣營的同志廖進平、楊元丁、黃賜、阮朝日等人都在二二八中遭殺害，曾經擔任台灣文化協會夏季學校講師的林茂生、陳炘也遭處決；蔣渭水的北醫同學張七郎，連同兩個兒子在花蓮被處決；蔣渭水的舊同志陳旺成、張晴川、白成枝、郭國基、廖進平等人都被列入當局「二二八事變首謀叛亂在逃主犯名冊」之中；蔣渭水的胞弟蔣渭川，也

被列入捕殺對象，在軍警人員前來捕殺時，閃避得及而逃逸，
但子彈卻打到身旁的女兒（也就是蔣渭水的姪女）身上，致使
女兒最後不治死亡；蔣渭水的三子蔣時欽，也遭通緝，亡命天涯；
到了五○年代白色恐怖時代，蔣渭水的女婿鍾浩東（時任基隆
中學校長），也因反抗國民政府遭槍決。

蔣渭水昔日的抗日同志廖進平（左）、楊元丁，都在二二八事件中遇難！

蔣渭水的胞弟蔣渭川，
也被列入捕殺對象。

　　蔣渭水的家人及同志們在二二八事件中紛紛遭國民黨政
權殺害，如果蔣渭水不早逝，能逃得過二二八嗎？即使躲得過
二二八，躲得過五〇年代白色恐怖嗎？

　　蔣渭水一生的奮鬥精神，值得我們肯定；蔣渭水身後持續
發生的歷史，也值得我們檢討反省。我們不要選擇性地看歷史，
否則歷史就像黑格爾說的「人類從歷史得到的教訓是，人類沒
有從歷史得到教訓」。

　　「同胞須團結，團結真有力」這是蔣渭水生前勗勉台灣同
胞的話，今天既然不分藍綠都在紀念蔣渭水，我們是否應該體
會蔣渭水追求自由平等的精神，不分藍綠團結愛台灣！

■ 幫柯遠芬恢復記憶

　　心理學上在談及「遺忘」的理論時，有所謂「動機性遺忘」（Motivated forgetting）之說。當一個人在記憶中，凡是有關引起自己羞恥感、罪疚感、恐懼感經驗的記憶傾向時，往往不願他們在記憶中出現，遂壓抑自己的記憶而產生動機性遺忘。

　　二二八事件時擔任警總參謀長的柯遠芬，日前在美國接受賴澤涵教授的訪問。當賴教授問及事件後的「清鄉」時，柯遠芬竟然答稱：「這個清鄉我不太清楚，我那時可能已經離開了。」

　　柯遠芬是當時「清鄉」行動中，扮演相當重要角色的人物之一，今天竟然說他對「清鄉」不太清楚，還說「可能」已經離開了。柯遠芬可真健忘啊！依我看，他這種健忘，可能是心理學所謂的「動機性遺忘」，因為他無法承受長期的罪疚感、羞恥感，因此將不愉快的經驗記憶壓抑（repress）下來，而致遺忘。

　　為了幫助柯遠芬恢復記憶，我試舉以下兩段史料藉供參考。

　　其一：根據中央研究院近代史研究所出版的《白崇禧先生問錄》，白崇禧對於清鄉有如下的談話：

　　「我視察返回台北後，召開綏靖清鄉會議。警總參謀長

柯遠芬說，警總已令各縣鄉地方實行清鄉計畫，限期年底完成，有些地方上的暴民和土匪成群結黨，他說此等暴徒淆亂地方，一定要懲處，寧可枉殺九十九個，只要殺死一個真的就可以，柯還引用列寧說的話，對敵人寬大，就是對同志殘酷。我糾正他，有罪者殺一懲百為適當，但古人說行一不義，殺一不辜而得天下不為，今後對於犯案人民要公開逮捕，公開審訊，公開法辦，若暗中逮捕處置，即不冤枉，也可被人民懷疑為冤枉。」

其二：閩台監察使楊亮功在〈「二二八」事變奉命查辦之經過〉中，有如下的一般敘述，請柯遠芬張大眼睛讀讀：

「四月十一日我們將離台返京復命，在這天上午，我去向陳公洽（按：陳儀）辭行，同時談及處置此次事變的情形，我問陳在此次事變中警備總部到底逮捕了多少人，處決了多少人？我回到南京時可能有人問及此事，他說：『我正要向你說明，外邊報紙說我處決了一萬人，都是亂說。殺人是有屍體的，這一萬多人的屍體在哪裡？』但他並未告訴我到底處決了多少人，只說他的參謀長柯遠芬來見我向我報告。稍後柯遠芬來見我，我再問他到底拘捕和處決了多少人，他即

交給我一張名單：『蔣渭川、謝雪紅、張晴川、黃朝生、王
添灯、白成枝、呂伯雄、李仁貴、郭進益、廖進平、陳屋、
郭國基、潘渠源、林日高、林棟材、王萬德、潘欽信、蘇新、
徐春卿、王名貴、陳旺成、林連宗、駱水源、陳竄地、陳瑞
安、張忠誠、張武曲、顏欽賢、廖文毅、廖文奎等』，我一
看這份名單就是報紙上公布的被通緝的三十幾人的名單，當
時我很生氣，我問柯除了名單上的三十幾人外，還有多少人
被捕或被處決。他並未答覆我。我說：『你提這張名單，等
於未向我報告，這名單是沒有用的。』他也沒再說什麼，即
辭去。實際上他本人就是違法殺人作惡，所以他不能詳加報
告。有林家花園主人林某（按：國民參政員林宗賢），說他
曾參加暴動，命其寫悔過書即可無事，等待林某悔過書寫成，
柯即據其悔過書加以勒索鉅款。時我已回到南京，接獲台北
辦事處主任鮑良博報告，當即電陳公洽查詢，陳覆電已命將
此案移交新成立省政府處理。柯氏之敲詐，遂未得逞。此不
過是柯氏作惡之一例。」（見《楊亮功年譜》頁三百七十三）

從上舉的史料，我們發現「清鄉」時期，柯遠芬不但沒有
離開，而且作惡多端。也難怪他會有這種動機性遺忘。

【著者按】

柯遠芬已於一九九七年病逝於美國加州。

二二八事件時的警總參謀長柯遠芬，他說：「寧可枉殺九十九個，只要
殺死一個真的就可以。」

■ 在二二八事件中
夭折的一所台灣人的大學

　　在戰後由台灣人在本土所建立的第一所大學——延平學院，因二二八事件被封閉！

　　早歲留學日本，畢業於東京大學的朱昭陽先生，因為親自體驗到日人對台灣人在教育等各方面的歧視，意識裡湧起了創辦學校以教育台灣子弟的心願。大戰結束後，朱昭陽先生放棄在日本大藏省的職位（他當時是敕任官，日治時期台灣人最高行政官），毅然回台準備大展抱負。他說，為了台灣之將來，台灣之建設，台灣之發展，根本的工作有賴於人才的培植，欲建立自主的台灣，必以培養一批優秀的人材為急務。

　　朱昭陽一邊擔任大同中學校長，同時進行設立大學的籌備工作。在台灣炭礦業名人，出身東京工業大學的劉明先生的鼎力支持與協助下，結合了一批日治時代反對日人殖民政策的民族主義者，如林獻堂、蔡培火、楊肇嘉、吳三連、杜聰明、丘念台、黃朝琴、林柏壽、劉啟光等人，終於成立校董事會，由林獻堂擔任董事長，校名即由林獻堂命名「延平學院」。當時先由夜間部辦起，因校地一時難求，商得開南商工同意，遂與

開南共用校地，白天開南使用，晚間延平上課。

延平學院於一九四五年九月招生，報考人數兩千多人，錄取一千人，比公立學校的聲勢還大。同年十月開學，據擔任校長的朱昭陽回憶說：

「延平學院的學生大多是在社會上做事的成年人，有官吏、教員、實業界人士，上課認真而有真意，隱隱中有一股復興民族的熱情存在師生之間。」

延平學院的師資，可說是一時之選，包括：教哲學的洪耀勳，教英文的蘇維熊、魏坤泉，言語學的陳文彬，論理學的黃金穗，美學的徐先堯，經濟原論的朱華陽，經濟史的張漢裕，民法蔡章麟，民法總則的洪遜欣，國文的黃得時、曹欽源等人。並有星期五講座，邀請林茂生、廖文毅、廖文奎等人演講。

可惜，這所學院開學不及半年，就遇上了二二八事件而遭封閉！事件發生時，正逢春假期間，師生實際上並無任何組織從事活動，只有零星學生參加，但是，一九四六年三月二十日，延平學院卻接到當局停辦學校的命令，理由是「學校內藏有武

器」。當時學校中並無軍訓科目，這完全是子虛烏有的藉口。延平學院被封，與同時許多台灣菁英分子被捕遇難，可說是當時國民黨政權有計畫消滅台灣本土勢力的同性質行動。

事件後，延平學院試圖復校，卻因各種條件均已不再，只能在一九四八年九月，設立延平補校，招收補校生高中生四班及專修班，高中部照一般高中課程上課，專修班係高中畢業後所修之課程。延平雖然成為補校，但這所補校師資之優異，在今天看來仍令人咋舌，有台大、師大等教授及社會知名人士都樂意前往任教。李登輝就是延平補校的教員之一。足見當年延平創校的傳統精神，相當受到肯定。

延平補校後來演變成為今天的延平中學，大學雖已不在，但當年創校的精神，在歷史上是可資紀錄的。數年後，許多延平校友曾醞釀讓延平學院復校，但是掌政的中國國民黨則不樂見其成。如今，復校的條件已失，空留遺憾！

國民黨政府遷台後，出現了許多在台「復校」的大學，例如清華大學、交通大學、暨南大學、東吳大學，在台灣辦大學，卻一直擺脫不掉將台灣視為中國的附屬邊陲的心態。復校的結果，卻鬧出雙包學校的笑話。這種雙包學校都可以在台灣一一出現，然而代表台灣本土精神的延平學院卻無法復校。這也是二二八事件歷史可資深省的又一議題。

■哭過歷史的漫漫冬夜
自序《二二八消失的台灣菁英》

這是我寫過的書中，最令自己心痛如絞痛的一本書。

本書所記述的三十幾位在二二八事件中消失台灣菁英，雖然每個人的背景不一，但最後都有一個共同結局。每一條活生生英靈的消逝，都隱埋著一齣齣椎心泣血的悲劇。而我僅寫了三十幾人而已，還有三百多人，三千多人，甚至三萬多人，我來不及寫，無能力寫，甚至倉惶失措不知如何寫。他們的每一條英靈，都串組成令人隱隱作痛的台灣近代史的辛酸與血淚。

在受難者家屬的訪談中，在目擊者的見證下，在發黃的文獻史料堆裡，我曾幾度唏噓淚下，掩卷長嘆。我發現，那些在事件中被消除殆盡的社會菁英，如果能假以一個正常的國度，他們之中足可以組一個堅強的內閣。然而，他們竟遭如此下場，實在是台灣社會永遠無法彌補的損失。難道這是「亞細亞孤兒」的歷史宿命？

面對那段淒涼的史事，我的感情竟脆弱得有如北台灣深夜裡繽紛的雨絲，忍不住裂心的低泣！

雖然李總統登輝先生要大家「往前看，不要往後看」，但是我身為史學工作者，面對淒冽的史料，馱負著蒙冤受辱的歷

史魂魄，我淚眼朦朧，怎麼樣也看不清眼前的景緻。

　　然而，哭過歷史的漫長冬夜，我們終究要起來迎接黎明晨曦。蒙冤受辱的歷史魂魄在天有知，絕不希望亞細亞的孤兒繼續流浪。我們要撫癒歷史的傷口，期待陽春花開。

二二八消失的台灣菁英

李筱峯 著

卷 四 —— 歷史解釋與教訓

■二二八事件的歷史解釋

原載二〇一〇年二月二十八日《自由時報》「李筱峰專欄」

二二八事件的本質，因政治環境的變遷和政治立場的互異，而有不同解釋。

戒嚴時代（包括事件發生時）國民黨的官方說法有二：

其一說，因為台灣人受日本奴化教育影響，所以反抗祖國政府。要反駁這種謬論很簡單，只要問：終戰時台灣人熱烈迎接「祖國」，是否也受日本奴化教育影響？

其二說，因為台灣人受共產黨的蠱惑。這種說法無異替共黨吹噓，僅憑數十名共產黨員，就能叫動全台起來反抗國民政府？戰後潛藏在台的中共黨員金堯如，事後回憶說，當時在台的共黨勢單人少，毫無作用。

中共也樂得國民黨這樣替他們宣傳，因此隔岸瞎扯，二二八事件是台灣同胞響應延安毛主席號召的革命行動。台灣有一位親北京的「學者」也呼應說：「二二八事件是全國範圍之內的中國人民反抗國民黨政府腐敗統治的一部分。」這種政治語言不值識者一哂。可歎的是，此人目前正被馬英九重用，

名列教育部九八課綱歷史科修訂小組委員，台灣的歷史教育交在這種人手中，這是七百多萬挺馬選票的發酵！

以上幾種有關二二八事件的瞎說，因為新史料出土而已不攻自破。近年來馬英九終於承認二二八的起因在於「官逼民反」。願意承認「官逼」已是一大突破，但僅止於「官逼民反」的解釋，無異把責任全推給當時主政的陳儀，如此解釋並不周延。

另外，「族群衝突論」是最常聽到的解釋。在事件前後，族群衝突確實嚴重。但若全以族群衝突來解釋二二八，則只見其表象。

長期生活於同一社會內的兩個族群的對立，才是族群問題；但若是來自不同社會的兩個族群（新移入者與原居民）之間的對立，則非純粹族群問題，而是兩個不同社會的文化差異有以致之。戰後台灣即面臨如此狀況，在族群衝突的表象背後，還有更深層的本質，即台灣社會與中國社會的文化落差。

為何牽親引戚的政治，讓台人痛心疾首？為何「吃銅吃鐵」、「五子登科」的官場，開了台人五十年未開之眼界？為

何陳儀宣稱「公務員不揩油」會引起台人詫異？為何外省軍人上車不買票、不排隊，台人憤憤不平？為何抗議的台灣民眾到專賣局焚毀器物時，不會搶奪錢財？反倒是號稱「清鄉」的官兵卻會劫奪民財？……這些為何，可用半山人士連震東提醒國民政府的這段話來解答：「台人經過日本多年的訓練，過的是新生活，台灣人有洗澡的習慣，很清潔，勤儉……」。

日治時代台人透過現代教育，接受近代化文明，改變了舊農業社會的體質。台灣社會逐漸從俗民社會（folk society）逐漸邁向市民社會（civil society）。也難怪戰後來自中國的記者作家們，對於台灣文化水準都一致好評（參見拙著《二二八事件前後中國知識人的見證》）。

然而高文化的台灣人卻被中國官員辱罵「奴化」。《民報》社論（一九四七年二月十九日）索性為文反諷：「自祖國來臨的大先生們，時常說我們奴化，當初我們很憤慨，不知指什麼為奴化，現在我們已經了解，奉公守法，即是奴化，置禮義廉恥於度外，才能夠在這個『祖國化』的社會生存。」寥寥數語，道盡雙方文化落差。八天後二二八事件爆發。這場衝突，豈止官逼民反？豈止族群衝突？族群沒有原罪，文化差異才該面對！撫今追昔，馬政府將引狼入室，能無戒乎？

■在台灣史的脈絡中
體會二二八的意義

原載一九九七年二月二十七日《民眾日報》

一、認清台灣近代史的本質

　　台灣近代的歷史，充滿著海洋文化的性格。早在荷蘭統治台灣的十七世紀中，台灣已經開始了轉口貿易，成為遠東貨物的集散中心。三百多年前的台灣，就已躍入以經貿為導向的海洋文明體系，與中國大陸只停留在自給自足的小農經濟，有所分別。

　　明鄭退守台灣，鄭經在台灣建立「東寧王國」，依然重視國際貿易的發展，台灣仍保持海洋商業的根性。清帝國併吞台灣後，消極治台，又因清國係大陸封建古國，閉關自守，不重經貿，台灣原本自荷蘭以降的海洋經貿特色，因此大減，台灣的商業發展，由國際貿易轉變為區域貿易。「郊商」興起，往來台灣與中國沿海之間，輸出農產，輸入手工業品。十九世紀四〇年代以後，由於台灣的煤、硫磺、樟腦等物產的誘惑，英、美等西方列強曾有意染指台灣。一八六〇年以後，清國應列強要求，先在淡水正式開港通商，各國商船紛紛隨之而來。台灣

貿易又迅速擴張。貿易發展的結果，在原本苦於貿易逆差的清國境內，台灣卻是一個貿易順差的地區。

一八七四年日本發動「牡丹社事件」，出兵台灣屏東，後經交涉議和。事後，清國才較積極從事台灣的防務建設。十年後（一八八四年），清法戰爭，法軍曾侵入北台灣，清國有感於台灣地位不容再忽視，乃於戰後將台灣脫離福建獨立設省。首任巡撫劉銘傳，積極推展洋務建設，成果可觀，本來近代化起步較清國內地慢約一、二十年的台灣，成績卻後來居上，成為全清國最進步的一省。

一八九五年馬關條約割台，台灣士紳成立「台灣民主國」抗日，但仍不敵。台灣雖淪入日本殖民統治，但半世紀中，台灣產生結構性的改變。十九、二十世紀之交，第四任總督兒玉源太郎任內起用民政長官後藤新平，奠定日本在台的殖民地統治基礎。日治五十年間，在台灣建立了嚴密的各級政府、司法機關、警察機構、戶政制度、農會系統、金融財經體系，以及普及全島的初等教育、大規模的農田水利、公路鐵路交通、電力及其輸送系統等基本建設。

日本在台的經營，主要目的在推行其資本主義與殖民主義的政策，為了建立商品的交易網路（亦即殖民地的剝削網路），必須從事各種交通運輸建設，但亦因而促進了全島性的溝通聯繫，助長了十九世紀末葉已萌芽的全島一體的台灣意識，有助於一九二○年代台灣各項社會運動的發展。

　　儘管日本在台灣的五十年內有相當的建設，但其本質是剝削和壟斷的，除親日的台籍買辦之外，台灣人普遍受到歧視，因此抗日民族運動和社會運動風起雲湧。日本領台期間的前二十年，發生過二十起以上的武裝反抗事件（一九三○年，山地的泰雅族賽德克人更掀起震驚世界的霧社事件）。而一九二○年代，因受世界性民族自決思潮，以及日本所謂「大正民主時期」民主主義風潮的影響，興起一連串的追求民主自由平等的抗日社會運動。「新民會」、「台灣文化協會」、「台灣民眾黨」、「台灣農民組合」、「台灣工友總聯盟」、「台灣地方自治聯盟」、「台灣共產黨」等團體組織，不一而足。一九三○年起，各項政治社會運動因日政當局的壓制而消沉，文學、美術、戲劇等運動代之而起。台灣新文化的追求，促進台灣知識分子主動思考台灣的圖像，激發台灣意識的茁長。

　　台灣人對民主自由的要求，逼使日政當局於一九三五年起開放市會、街庄協議會半數民選，台灣人開始有了投票的經驗。

　　一九三七年以降，中日戰爭爆發，日本在台推動「皇民化」運動，試圖改造台灣人。一九四五年八月，大戰結束。半世紀的日本統治，台灣人的文化和價值觀，以及台灣社會的近代化，都起了相當的變化。也使得台灣社會與海峽對岸的中國社會產生相當的落差。試舉數例說明：一九三六年全台人口僅是中國人口的百分之一點二，卻使用其百分之二十三的電量容量裝置。一九四三年一個台灣人平均使用的電量，是一個中國人平均使用

電量的兩百三十三倍；以農業和工業的產值比來看，一九三七年的台灣其比值是50：50，一九三三年的中國，其比是93（農）：7（工）；若以學齡兒童的就學率來比較，一九四三年的台灣是百分之七十一點三（山地更高達百分之八十六點四），同年的中國只有百分之四十三左右（這個數字還可能比實際偏高）。從這些比較，可知兩個社會發展的差距甚大。至於價值觀念、生活習慣之差異，更不再話下。

二、「光復」的果實

儘管台灣人知識分子在日治時代已形成台灣意識，甚至有「台灣是台灣人的台灣」的口號，但那是相對於日本而言，在面對原鄉的中國時，台灣意識並未排斥中國意識，兩者之間並無明顯的界限，以致於大部分的台灣知識分子們不能了解到台灣與中國社會之間的落差。誠如史明所說的：

「現實存在著的台灣·台灣人，與現實的中國·中國人雖屬於同一種族，但二者在社會上、意識上已成為不同範疇的二個民族集團……（中略）當時（按：指日治時代）的台灣知識分子，尤其是所謂『民族派』的前文化協會與民眾黨的主要幹部，不但不把這點認識清楚，反把現實的台灣社會及台灣人大眾（多數者）的心理動向（台灣人意識），跟他們自己在腦筋裡所幻想的『祖國中國』、『中國的台灣』等抽象觀念混淆在一起，結果，不知不覺之間，卻以『祖國中

國』的幻想為基本觀念來從事台灣民族解放運動。」、「他們所領導的解放運動乃不可能直截了當的提出『台灣民族獨立』，只是心理上在『祖國中國』的觀念世界打圈子。」（見史明，《台灣人四百年史》漢文版）

因此，終戰後，國民政府接管台灣，台灣人以一廂情願的熱情，迎接心目中的祖國。殊不知，二次大戰結束時，日軍係向聯合國最高統帥無條件投降，聯合國最高統帥指派中國戰區最高統帥蔣介石接受日軍投降。台灣就在這種情況下，由蔣介石派員接管（其實是暫時的軍事佔領），大家都毫無懷疑地稱之為「台灣光復」。「台灣光復」雖然在程序上沒有經過台灣住民的同意，但是就實際民情來看，甫「光復」之初，台灣人民對於「光復」多採歡迎，還滿懷期待以為終於「回歸祖國懷抱」。

不意，新來的中國政權卻以「征服者」的心態臨駕台灣，首先，無視於台灣人早有追求民主自治的歷史經驗，在台灣設立了無異於日本總督府的「台灣行政長官公署」的制度，是集行政、立法、司法、軍事等大權於一體，無異是日本殖民統治的延續。

在「台灣行政長官公署」的新殖民體制下，大陸人壟斷權位，牽親引戚、苟且循私，外行領導內行，「接收」變成「劫收」，官場貪污腐化之風，讓台灣人民開了五十年未開之眼界；在經濟方面，厲行全面的統制經濟，台灣的財富受到有系統的

掠奪，米糧短缺，物價暴漲，失業人口激增，生產力大降，戰後第一年的生產指數，竟不及戰前的一半，台灣人享受到比戰前更民不聊生的果實；社會上，盜賊橫行，軍憲紀律敗壞，欺民擾民，作威作福，一派土匪作風。戰後第一年的刑事案件，竟增加了二十八倍。總之，經過一年半的蹂躪與掠奪，台灣社會倒退了三、四十年。因此，在所謂「光復」的一年四個月後，終於爆發了二二八事件，全島蜂起，蔣介石派兵來台肆行鎮壓與屠殺，台人死傷慘重，社會菁英被屠殺殆盡，民心潰決，台灣蒙受永難彌補的損失。這場「光復」的果實，實在太苦澀了！

三、記取歷史的教訓

二二八事件帶給台灣的，不只是家破人亡的悲劇而已，還為台灣往後的政治與社會，種下既深且鉅的影響：一方面，台灣人的性格受到嚴重的扭曲，過去一直在外來殖民統治下的台灣人，顯得更加卑屈自辱，處處都要表現其不敢違抗統治者以求安全自保的奴隸性格；另一方面，台灣人民對政治產生恐懼、灰心、失望。這種對政治的恐懼感與冷漠感，有利於國民黨的一黨專政，不利於民主憲政的發展；再者，台灣社會領導階層架空，便利國民黨的統治。許多劫後餘生的社會菁英不願再與聞政治，地方政治體質改變，劣幣驅逐良幣，土豪劣紳、黑道流氓、地方政客，逐漸進入地方政壇。

　　二二八事件的兩年後，蔣介石主導的國民黨政府因國共內戰而流亡來台，雖然「中華民國在台灣」實施長達三十八年的戒嚴，屬行「白色恐怖」統治，但台灣卻也一方面避開了共產中國的蹂躪，獨立於北京政權之外，在台灣原有的海洋文化的歷史性格下，發展自己的經貿工商，成就了所謂「亞洲四小龍」之一的經濟成果。而且，在工商發展，社會變遷，文化交融之下，二二八事件時的族群對立已不復存，隨著台灣國際外交處境的艱難、中共政權對台灣的威逼，台灣內部族群之間的命運共同感應更加凝聚成形。

　　今天，白色恐怖已逐漸過去，台灣政治也已相當的民主化，內部要發生類似二二八的衝突，幾乎不可能，然而，面對中共霸權的對台統戰，二二八的歷史，仍應給我們深切的教訓與啟示：一九四五年的所謂「台灣光復」，是台灣與中國的一次「統一」。一九四七年的二二八事件，則是這次「統一」的後遺症。引起這個後遺症的主要癥結，在於台灣與中國兩個社會的差距太大，體質不同，彼此適應不良。這種適應不良，可說是文化水準較落後的一方，統治文化水準較高的一方，所產生的壓制與反抗的循環過程。

　　今天，中華人民共和國無論是政治制度、社會結構、經濟成果、法律系統、文化內涵、生活價值、人權指數……，都與台灣迥然互異，落差極大。台灣若被「統一」，真令人擔心

二二八事件又要重演！

　　五十年前的台灣「光復」（「統一」），帶給台灣什麼樣的苦果？今後台灣要是再被「統一」了，又將要付出什麼代價？在二二八事件五十周年的今天、在香港大限將至而正人心惶惶的此刻，台灣全體住民能從歷史與現實中找到答案嗎？

　　且讓我們拋開「統一」的政治神話，對內，我們族群間要和睦互重；對外，攜手團結，走入國際社會，建立獨立新國家，避免類似二二八的悲劇重演。

二戰後，台海雙方呈現文化差距，族群隔閡。雙邊的有識之士為促成雙方的互相了解，文化的交流，於是有《文化交流》雜誌的創刊，由中國記者王思翔和台灣作家楊逵擔任主編，於一九四七年一月十五日創刊。不料，隔月二二八事件爆發，這一期創刊號也變成最後一期。

■ 從「狗去豬來」到三隻小豬

原載二〇一一年十二月十一日《自由時報》「李筱峰專欄」

　　戰後初期台灣流行一句俗話「狗去豬來」，意指被台灣人罵為「狗」的日本人走了，卻來了一群讓台灣人大失所望，而以「豬」比喻的中國人。試看當時《台灣文化》雜誌的說明：「本省人把日本人叫做狗，因為日本人很兇惡的壓迫本省人……。本省人起先很尊敬外省人，後來看透了一部分外省人的行為，有點像豬，因為豬是『不潔不淨』、『光食而不做事』的動物，『不潔不淨』就是貪污……」（見一九四七年二月五日該誌二卷二期，是非生〈新論理的爭辯〉）

　　這些話出現的三週後，二二八事件爆發！事件後，上海《新聞天地》也指出：「台灣人看外省人〔和日人〕同屬一類──『四腳的』，所差只一個是『狗』，一個是『豬』。這話普遍流傳，在公開應用。」（見一九四七年四月一日該誌二十二期，梁辛仁〈我們對不起台灣──二二八民變的分析〉）

　　國民黨的教育對於台灣人罵日本人為狗，讚其具有民族精神；但是台灣人罵中國人是豬，則斥為挑撥族群對立。足見「我

族中心主義」確實令人盲惑。

以眾生平等來看，豬狗之喻其實都是不當類比，全然是人類優越感作祟。豬狗出生為豬狗，非其本意，人出生為人，是人的幸運，為何不能體恤生命的本質？以豬狗來影射人，真能顯現人的醜陋嗎？是誰說過「和人相處愈久，愈愛狗」？

有一次一位自以為是的「高級外省人」辱罵台灣為「鬼島」，罵台灣人為「台巴子」、「倭寇」，我為文反斥他「支那狂犬」。吾友范姜提昂看了，來信說「心疼狗，狗多可愛！幹嘛壞人、孬種、混帳、賣國賊、吃裡扒外、大內奸……全都賴到狗身上？」我知罪矣！

「外省人台灣獨立促進會」已故會長廖中山教授有一次記者問他：「有人罵中國豬滾回去！你身為外省人，有何感想？」廖中山笑答：「如果怕被趕，就好好做台灣人，不要當中國豬。」同一問題問豬迷陳師孟教授（也是「外省人」），他更有妙答：「豬很可愛啊！」

動物的可愛，顯非華人文化能體會，西方人則能美化動物來娛樂人類。華語說，過街老鼠人人喊打，在美國卻成為可愛

的卡通主角「米老鼠」；北京烤鴨、南京板鴨是令人大快朵頤的中華料理，在美國，「唐老鴨」卻娛悅不少男女老幼；在中國，虎豹豺狼兇惡可憎，西方卻出現逗趣的「頑皮豹」。美國民主黨以驢子為標誌，大象則是共和黨的象徵。華人社會顯然無此動物觀。是否華人社會看待飛禽走獸，除了食其肉、飲其血、寢其皮，就只有歧視與敵視？

這次總統大選，三隻小豬意外成為民進黨選戰的標記。昨天有許多民眾持小豬撲滿集結凱道及全台各地，辦「小豬嘉年華」挺小英。豬不再是族群相譏的比喻，而是團結親和的象徵，我樂見台灣有這樣的進步！

■二二八事件中
看到的中國說謊文化

原載二○○九年三月一日《自由時報》「李筱峰專欄」

　　二二八紀念日全國放假。但不知有多少人從歷史中記取教訓？

　　二二八歷史可供記取的教訓，多端多面，本文僅論中國說謊文化。

　　先從陳儀的「三不」說起。行政長官陳儀來台不久，就向台灣人民廣播強調「我們公務員不偷懶、不欺騙、不揩油」。這種小學生的道德條目，竟然成為中國官吏的政見，台人聽了大感訝異。其實台灣人不知道，強調不欺騙的中國官場，正充斥著欺騙文化。

　　曾經來台參觀的中國作家蕭乾，在事件前一個多月，早就指出台灣人與中國官場之間的隔閡。蕭乾說：「『台灣人』這死板板的脾氣，和高調政治是一定配合不來的。二十年來紀念週在內地一向是開空頭支票的日子，但台人是慣於要內容的。」（見蕭乾〈冷眼看台灣〉）

　　和高調政治配合不來的台灣人，果然在二二八事件中吃盡

中國官場謊言文化的虧。試舉實例說明——

　　陳儀對於他所應允成立的二二八事件處理委員會，表面上虛與委蛇，實則早有暗算。他在三月六日致函該委員會說：「今後各方意見希均先交處理委員會討論，擬足綜合意見後，由該會選定代表數人，開列名單向本署建議，以便採擇實施。」一副開明形象。然而隔天處委會向陳儀提交三十二條處理大綱時，陳儀未看內容就勃然翻臉，旋即稱該會為叛亂組織。原來他知道國府軍隊已快到基隆外海，所以翻臉不認帳！

　　事件中顯現的中國說謊文化，從陳儀對蔣渭川的欺騙更具典型。事件爆發後，陳儀數度召見民間領袖蔣渭川（蔣渭水胞弟），希望蔣能出面安撫民眾。蔣渭川則藉機再三要陳儀保證不向中央請兵，以免事態惡化。陳儀一再允諾不會請兵。試看蔣陳一段對話——

　　蔣：「總有許多人說我會被你欺騙……，若是長官果然尚有報復騙殺的觀念，我希望你只騙我一人就好，不可騙殺全省的民眾。我很怕果然國軍一旦開到，而長官下令屠殺，會演變到不可收拾的慘案。……請長官千萬不可施毒計騙屠民眾。」

　　陳儀答：「蔣先生你也未免太顧慮，絕對沒有這樣事，現在本省兵力也不少，而警察憲兵也可足用，若我有這樣惡意，馬上也可開始屠殺，何必等待中央的國軍開來，我是絕對沒有這樣的意思，請你安心。」

　　然而，根據警總參謀長柯遠芬〈事變十日記〉透露，陳儀早在三月二日即電請蔣介石派遣整編廿一師一個加強團來台。而陳儀在向蔣渭川保證不向中央請兵的翌日（三月六日），又再度呈報蔣介石，要求派兩師軍隊來台「消滅叛亂」。

　　同樣的說謊功夫，見諸當時憲兵第四團團長張慕陶更是到家。三月八日中午張慕陶來到中山堂，對二二八處理委員信誓旦旦表明「本人決以生命擔保，中央絕不對台灣用兵」。就在他「以生命擔保」的三小時之後，中國軍隊從基隆登陸，一場腥風血雨的屠殺於焉展開。原來，他所謂「以生命擔保」的生命，不是自己的生命，而是台灣人的生命。

　　三月八日蔣介石派來的軍隊展開一場腥風血雨的殺戮，三月十日，蔣介石在「總理紀念週」的發言中說：「……據報所派部隊昨夜已在基隆安全登陸，秩序亦佳，……本人並已嚴電留台軍政人員，靜候中央派員處理，不得採取報復行動……」，蔣介石所謂的「秩序亦佳」的軍隊，被令「不得採取報復行動」，實則軍隊正進行著一場比「報復」更為殘忍的無辜屠殺與劫掠，台灣社會菁英遭捕殺殆盡。

　　二二八事件已成歷史，但是說一套做一套的說謊文化依然存在。「馬上」之前，說好台灣前途由台灣人民決定。「馬上」之後，連和中共簽署協定、ＣＥＣＡ，都不讓台灣人民詳知內容，更遑論訴諸公投；口口聲聲愛台灣，卻一意孤行降低國格，

流失主權，要將台灣投入中國黑洞之中。而當今的中國，又正充斥著「十億人口九億騙，還有一億在訓練」的欺騙文化。

撫今追昔，台灣人如果還醒不過來，二二八紀念日的假真是白放了！

■二二八事件中
看到台灣人的憨直

原載二〇〇九年三月八日《自由時報》「李筱峰專欄」

　　上篇文章我談到〈二二八事件中看到的中國說謊文化〉，本文擬換個角度，來看看當年面對著中國官場的說謊文化，台灣人又是何等的天真憨直。

　　先從台灣第一位哲學博士林茂生說起。二戰結束之初，林茂生以〈喜賦〉一詩表達欣喜之情，這首律詩末尾說「從此南冠欣脫卻，殘年儘可付閒鷗」。誰知，他隨後的歲月，不但沒有「付閒鷗」，卻在一年多後，遭他所歡迎的「祖國」處死！

　　花蓮名醫張七郎，在花連搭建歡迎「祖國」的牌樓，親筆書寫「歡喜江山歸依舊，迎來旗幟慶重新」，他也萬萬沒想到，歡迎「祖國」的結果，不但沒有「慶重新」，卻是生命的結束，還連同兩個兒子一起慘死！幾乎所有在二二八事件中遭難的社會菁英，哪一個不是死在他們所迎接的「祖國」的槍下？

　　令人扼腕的是，許多人原本都可以事先走避的，但他們卻都有個天真的邏輯——「我沒有做壞事，為何要逃？」他們完全不知道中國政治的邏輯是「欲加之罪，何患無辭」？

事件發生中，有日本教授勸林茂生躲一躲，免遭不測，林茂生回答：「他們知道我林茂生並沒有做什麼，能對我怎樣？」

勸年輕人不要輕舉妄動的岡山教會牧師蕭朝金，聽到要捉拿他的風聲時，對力勸他走避的友人說：「我又沒有做什麼事，何必跑？我是個傳道者，即使他們捉錯人，也是誤會，解釋一下就好。」結果最後不是「解釋一下」，而是受盡酷刑（耳鼻都被割掉）慘死！

台灣新生報總經理阮朝日，也是對勸他躲避的大女兒阮美姝說：「我又沒有犯什麼罪，為何要逃？」話剛說完，院子外就有人來敲門，最後一去不回。

省參議員王添灯也堅信自己所作所為是正義之行，料想軍隊不敢對他不利。他說：「敢作敢當，不應迴避，讓人家看看台灣人是有骨氣的！」台灣人如王添灯確實有骨氣，但是每想起王添灯最後全身被淋上汽油遭中國兵燒死的那一幕，我寧可他「留得青山在，不怕沒柴燒」。古人說「千金之子，不死於盜賊之手」，當年天真憨直的台灣人，不相信官兵與強盜竟在一線之隔。

相較於一九八九年中國天安門事件時，中共當局也通緝許多沒有參加暴動的知識分子，像方勵之、嚴家其、湯一介、陳一諮、蘇曉康、包遵信……，但中國知識分子深切了解中國政治文化，因此他們多人避難得及。兩相比較，真不可同日而語。

　　不過令人感慨的，六十二年前那一批正義之行的台灣社會菁英，自認為沒犯錯而不知走避；而今，一批依附中國國民黨的台籍黑金政客，如劉松藩、朱安雄、伍澤元、王玉雲……，在掏空台灣，幹盡壞事之後，都紛紛逃亡中國。這款台灣人的惡質，比起二二八遭難菁英的憨直，真不知如何以道里計了！

■蔣介石是不是
二二八事件的元兇？

原載二○○七年三月十一日《自由時報》〈自由廣場〉「李
筱峰專欄」，刊登時題目改為〈228 元兇的歷史課題〉

　　一九四七年三月八日，國民黨軍隊開始的大屠殺行動，在
多處持續進行。這場浩劫，蔣介石絕對是關鍵人物。但是這一
陣子凡是公開指出「蔣介石是二二八事件的元凶」的人（包括
政治人物如蘇貞昌、游錫堃，或是歷史學者陳儀深、張炎憲等
人），幾乎都被蔣孝嚴控告。自從原本是「受難者家屬」的章
孝嚴，變成「加害者家屬」的蔣孝嚴之後，他非常在乎蔣介石
的形象受損，因此屢屢告人誹謗。

　　蔣介石是不是二二八事件的元凶？這是一個歷史課題，應
該透過學術研究來探討。試舉以下史實，藉供討論：

　　一、二戰後，蔣介石不聽連震東等半山人士的建議（長官
公署制無異是日本總督府的復活），而率然在台實施「行政長
官公署」制度。這種集行政、立法、司法、軍事等大權於一身
的特殊化統治方式，是日本殖民統治的延續，讓台人相當失望。

　　二、蔣介石未能聽進滯留中國的台籍半山人士的意見，派
來軍紀敗壞、欺民擾民的軍隊接管台灣。

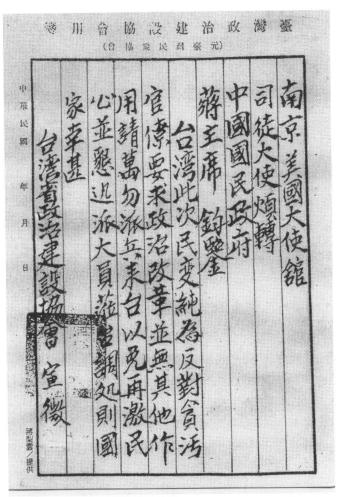

台灣省政治建設協會透過美國駐華大使館轉給蔣介石的電文，
希望蔣勿派兵來台以免刺激民心。

三、蔣介石曾於二二八事件的四個月前來台視察，竟無知於民心向背。民間輿論（如民報等）都對他有明確建言，蔣不但視而不察，還在日記中得意洋洋說「余此次巡視台灣，在政治上對台灣民眾之心理影響必大也。」、「巡視台灣之收穫，較諸巡視東北之收穫尤大，得知全國民心之所向。」（十月三十一日記），真是昏庸。

四、事件爆發後，一味縱容在台軍政情治人員，聽信其一面之詞，而置民間意見於不顧，在台灣的秩序漸趨恢復的情況下，竟貿然派兵來台。

五、蔣介石派兵之時，得到美國大使館及台灣政治建設協會勸其「勿派兵以免情勢惡化」的警訊，蔣不但不知謹慎防患，還特別電告陳儀說：「其間有談勿派兵來台，否則情勢必更嚴重云。余置之不理，此必反動分子在外國領館製造恐怖所演成。」陳儀在獲得援兵之後，已經有恃無恐，而今再接到這種鼓舞的電文，當然就更加明目張膽了。

六、牽強的派兵藉口：依蔣說詞，他決定派兵赴台，是因為「二二八事件處理委員會」提出「無理要求」之故。其實蔣決定派兵，早在三月五日就已決定，當時處理委員會尚未提出三十二條要求。何以「後事」會成為「前事」之因？真是荒唐！

七、蔣介石雖曾電諭陳儀「嚴禁軍政人員施行報復否則以抗令論罪」，但是實際上以「綏靖」及「清鄉」為名的屠殺與報復（兼搶劫）確在許多市鎮進行。蔣介石不但公開誇讚登陸

後的軍隊「秩序亦佳」（一九四七年三月十一日南京《中央日報》二版），而且這些濫殺無辜、實施報復的主事者，事後不但無一人被嚴懲，反而被蔣介石升官重用（陳儀後來遭槍斃是因投共，與二二八無關）。則所謂「嚴禁報復，違者以抗令論罪」之說，不啻成了障眼的煙幕了。

　　蔣介石縱容地方軍憲特務濫捕濫殺，而於血腥整肅之後，不但沒有懲凶糾謬，反而獎惡賞瀆。我們不可說他元凶，難道也要跟著朱、黃、戚……等學者說，這一切都是日本、美國和台獨分子的錯？

蔣介石在二二八事件中有無責任？可詳見此書。

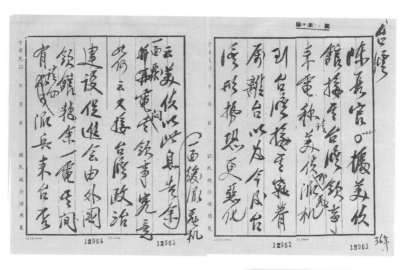

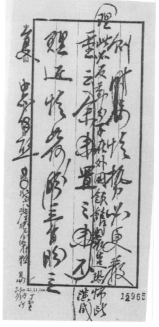

二二八事件中，蔣介石給陳儀的電文稿。
蔣告訴陳儀，美國領事館及台灣民間社團
勸他勿派兵來台以免情勢惡化，是「反動
分子在外國領館製造恐怖」，他「置之不
理」，決定派兵。

■二二八事件的歷史
與公義和平運動的歷史意義

　　如果要替「二二八事件」這個名詞做一個扼要的界定，以下敘述不知是否周延？

　　「二次戰後，中國國民政府接管台灣，台灣民眾初表歡迎，殷切期待，詎料台灣人民在慶祝所謂『光復』不久，所面對的局面是：**政風腐敗、特權橫行、經濟壟斷、生產大降、米糧短缺、物價暴漲、失業激增、軍紀敗壞、盜賊猖獗、治安惡化**……。經過一年半的蹂躪與掠奪，台灣社會倒退了三、四十年，民心日漸流失，終至怨聲載道。一九四七年二月二十七日晚，台北市延平北路發生專賣局查緝員打傷女煙販並釀成槍擊民眾致死命案，二十八日台北市民向相關機關抗議未果，反遭行政長官公署機槍掃射，情勢一發難收，擴及全島，各地蜂起，全島騷動。旋由各級民意代表與社會菁英組成『二二八事件處理委員會』，與行政長官陳儀交涉善後處理事宜，進而提出政治改革要求，情況漸趨穩定，然而，陳儀一面虛與委蛇，一面向南京請兵。國府主席蔣介石聽信在台軍政特務人員一面之詞，貿然派兵來台。三月八日晚，國府軍隊奉派抵台，展開鎮壓，釀成屠殺，繼之以『清鄉』，進行全島性捕殺，民眾傷亡慘重，菁

英犧牲殆盡。史稱二二八事件。」

　　二二八事件帶給台灣的，不只是家破人亡的悲劇而已，還為台灣往後的政治與社會，種下既深且鉅的影響：

　　一方面，台灣人的性格受到嚴重的扭曲，過去一直在外來殖民統治下的台灣人，顯得更加卑屈自辱，處處都要表現其不敢違抗統治者以求安全自保的奴隸性格；另一方面，台灣人民對政治產生恐懼、灰心、失望。這種對政治的恐懼感與冷漠感，有利於往後國民黨的一黨專政，不利於民主憲政的發展。也因此繼而改變台灣地方政治的體質。過去屬於士紳地主領導的地方政治，由於事變中許多菁英被消除殆盡，事變後，許多劫後餘生的地方領袖對政治產生恐懼與冷漠，不再與聞政治，台灣社會領導階層被架空。加以緊接而來的「土地改革」及白色恐怖政治，更讓地方領導階層產生鬆動，因此地方政治體質逐漸改變，土豪地痞、黑道流氓、地方投機政客，逐漸進入地方政壇，形成劣幣驅逐良幣的現象。

　　二二八事件的兩年後，中國國民黨政權敗退來台，在兩蔣獨裁統治下，台灣進入白色恐怖時代，二二八的歷史成為人人避諱不敢談論的禁忌。只有在一九八〇年代以後的立法院中，由極少數的幾位「黨外」立委偶而透過質詢向統治當局提出二二八事件的議題。然而國民黨統治當局總是將二二八事件的解釋歸因於兩個因素：其一說是因為台灣人受日本奴化教育影

響；其二說是因為台灣人受共產黨的蠱惑。這種推諉塞責的扭曲解釋，不僅再度傷害廣大的受難者家屬，也誤導後代台灣人對歷史的認知。而二二八事件的禁忌，依然深嚴。

直到一九八七年二月十三日由鄭南榕、陳永興、李勝雄發起成立公義和平運動，成立「二二八和平日促進會」，二二八事件的禁忌才開始公開面對群眾挑戰！

要瞭解這項公義和平運動的歷史意義，必須將此運動放在「台灣民主運動」的脈絡中來觀察，才能顯現出來。而發起此運動的三位主角，與民主運動的關係，更決定了公義和平運動的作用。

從歷史縱線觀察，一九八六年到一九八七年之間，是台灣政治、社會的轉型年代，可稱是自中國國民黨政府退守台灣以來，在政治、社會方面最具突破性的發展時刻。而這些突破性的發展，與多年來不斷對當局施加批判、向政府禁忌提出挑戰的「黨外」民主運動，有著密切的互動關係。

一九七〇年代以降，隨著中央民意代表的增額選舉的出現，選舉活動帶動「黨外」民主運動。在長期的黨外民運與選舉活動中，自學生時代即推動社會服務、時值青年時期的陳永興，即已投身其中，從助選到參選，致力良深；長期關注民主政治，出身基督長老教會的李勝雄律師，也在一九八〇年的美麗島事件的軍事大審中，冒險挺身而出擔任辯護律師；而鄭南榕，這

位在就讀台大哲學系時即因拒修政治性課程「國父思想」而不能畢業的剛毅青年，在一九八〇年代中期起，創辦《自由時代》一系列雜誌，是當時民主運動陣營裡面極富影響力的刊物。一九八六年五月十九日鄭南榕發起「五一九綠色行動」，兩百多名「黨外」人士（當時民進黨還未成立）在台北龍山寺示威靜坐，抗議長期實施戒嚴。鄭南榕發起的這個運動，使得過於遷就選舉考量的黨外候選人跟進腳步，對民主運動的進行，發揮推波助瀾的作用。

這項「五一九綠色行動」掀開黨外為時半年的街頭運動。一九八六年下半年起，台灣進入一個解凍的時刻。許多禁忌紛紛被突破，蓄積已久的社會運動潛力，正如開閘之水，一時之間奔流而出。各種群眾抗議、示威、請願、自力救濟、街頭遊行的情事，層出不窮。（詳參李筱峰，《台灣民主運動40年》）公義和平運動是其中一項重要的運動。

鄭南榕、陳永興、李勝雄等人於一九八七年二月十三日發起「二二八和平日促進會」，兩天後，開始為二二八而走。從一月中旬到四月之間，展開一連串的演講、座談、追思祭拜、遊行等活動。其中，曾與警方對峙，數度面臨被逮捕的險境。

這個期間，尚有其他大大小小的勞工運動、學生運動、環保運動、婦女運動、消費者運動、老兵要求返鄉運動……，都像春雷驚蟄，躍動起來。

　　這些自發性社會運動形成風潮，在在向實施三十八年的戒嚴令挑戰。讓國民黨當局有禁不勝禁、抓不勝抓的感慨。主政的蔣經國，有鑒於時潮流之所趨，不能完全拂逆，開始採取開放態度。一九八七年七月十四日，蔣經國終於宣佈解除。紐約時報評論說：「台灣終於告別封閉式的政治制度，向濕潤的森林開啟了一扇窗門。」

　　公義和平運動不僅是促使台灣民主化的一劑催化劑，二二八事件的禁忌也逐漸突破，讓二二八事件的研究與歷史解釋有了自由的空間，讓這一重要的台灣史內容不至於遭外來政權滅絕。

二二八平反運動（宋隆泉攝影）。

■ 從二二八大屠殺到二二八大牽手

原載二〇〇四年一月二十三日《自由時報》〈自由廣場〉，
以「李嚴」筆名發表

　　一九四五年八月中，二次大戰結束，台灣人陶醉在「回歸
祖國」的美夢中，慶祝「光復」。沒想到，真正光復的，不是
台灣人的政治地位與生活水準，而是腐敗的政治、惡化的治安，
擾民的軍隊、橫行的特權、暴漲的物價、嚴重的失業、短缺的
米糧、流行的瘟疫……。終於在所謂「光復」的一年四個月後，
爆發了二二八事件，經歷一場腥風血雨，上萬民眾慘死，社會
菁英殆盡。

　　一九四五年的所謂「光復」，可說是當時台海兩岸的一次
「統一」；而一九四七年的二二八事件，則是這場「統一」的
後遺症。這個後遺症，敲醒許多人的「祖國夢」。

　　二二八事件的兩年後，國民黨政權在中國大陸上全面潰敗，
中華民國「隨著大陸淪陷而已經滅亡了」（蔣介石語）。蔣介
石的國民黨統治集團扛著已經滅亡的中華民國的名號，逃退到
台灣，建立了學者所說的「遷佔者國家」（settler state）。

逃入台灣的蔣家政權，以長期的戒嚴統治與所謂的「動員戡亂」體制，君臨台灣，讓台灣長期處於獨裁專制的陰影之下。二二八的傷口來不及癒合，白色恐怖卻又隨踵而來。僅一九五○年代裡面，就有兩、三千人遭處決，八千多人被判重刑。

在長達三、四十年的「戡亂」體制與「戒嚴」統治之下，海內外有識之士奮起推動台灣的民主運動，一九五○年代有雷震、殷海光等人透過《自由中國》雜誌發出民主自由的呼聲，以及功敗垂成的的組黨行動（一九六○年）。一九七○年代有《大學》、《台灣政論》、《八十年代》、《美麗島》等雜誌的民主改革的訴求。「黨外」民主運動於此時蔚然成風，透過幾次選舉，民氣逐漸凝聚，歷經中壢事件（一九七七年底）、美麗島事件（一九七九年底），雖歷經統治者的高壓，仍浴火重生，終於在一九八六年突破戒嚴禁令，成立「民主進步黨」，為台灣政治史邁入新里程。在民主運動的激盪之下，歷經蔣氏父子兩代的威權統治終於在蔣經國晚年逐漸解體，歷時卅八年的軍事戒嚴，於一九八七年終告結束。

海外的台灣獨立運動早在二二八事件之後不久即展開，島

內的獨立自救聲音，則在白色恐怖當中受盡箝抑。然而，隨著台灣國際外交處境的艱難、中共政權對台灣的威逼，台灣內部族群之間的命運共同感更加凝聚成形，台灣命運共同體已成為建構台灣的國民主義（Nationalism）的基礎。民間的台灣獨立自救的聲浪，終於在進入九○年代之際隨著政治的民主化而逐漸明朗。一九九一年的九八大遊行，提出加入聯合國的主張。以「台灣」座標來思考的數部憲法草案，也經由民間的制憲行動而紛紛提出。基於台灣主體性思維的台灣歷史文化的重新詮釋，也逐漸匯成潮流。台灣化、民主化、多元化正推動台灣的社會改革。

九○年代是台灣的民主化更上層樓的時代。在李登輝與民間民主運動的配合下，台灣逐漸民主轉型，不僅結束了「動員戡亂」，國會得以全面改選，到了一九九六年台灣終於舉行有史以來的第一次總統民選，到了二○○○年更出現首次政黨輪替。台灣已經被世界人權組織歸類在「完全自由的國家」之列。

回顧過去坎坷艱辛的民主運動的路途，真是不堪回首。多少英靈消失，多少青春斷送，多少家庭破散，多少幸福犧牲……。這個民主的成果，是多少心酸血淚交織而成的。

然而，咱台灣這個民主國家，目前正面臨內憂外患，內有過去蔣家統治集團的殘餘勢力正處心積慮想恢復他們的優勢，外有中國北京當局虎視眈眈，用飛彈威脅台灣。台灣能不能克

服內憂外患，如何克服內憂外患，正在考驗著台灣人民的志氣與智慧。

今年的二二八，我們終於走出五十七年前的陰影，化悲情為動力，化悲情為愛心，化悲憤為命運共同感。不再有仇恨，不再有對立，認同台灣的各族群牽起手來，從台灣頭牽到台灣尾，我們以兩百萬人牽手形成的人龍，向中國的飛彈說 NO，向台灣的民主自由說 YES，向全世界展現台灣人民維護民主的意志，向對岸的中國嚴正以告我們追求和平的決心！這一天，我們在台灣歷史又立下一個里程碑。除了中國北京當局和台灣內部蔣政權的殘餘勢力及其跟隨者之外，沒有人不因我們這次的歷史盛舉而深受感動。

這次的歷史盛舉，吸引全世界各大媒體齊集來到台灣採訪，倒是國內的統派媒體有刻意淡化之嫌，但是這歷史性的盛舉，已經受到全世界的矚目。幾年後，我們的後代子孫也會在台灣的歷史上，研讀我們這段感人的篇章。

■天安門事件中的二二八模式

原載一九八九年六月二十六《自立早報》

　　省府主席邱創煥答覆省議員蘇貞昌等人的質詢時表示二二八事件與天安門事件性質不同，不該相提並論。其然乎？豈其然乎？二二八事件固然有與天安門事件相異之處，但兩事件相仿之點，倒也不少。今以個人研究二二八事件一得之愚，將兩事相提並論一下，看看天安門事件中所出現的二二八模式。

鎮壓前的開明假象

　　二二八事件之初，由各級民意代表組成的「事件處理委員會」每天開會，提出政治改革的要求，行政長官陳儀不但派公署的官員參加，而且接見請願代表，並且應允代表提出的改革要求。等到三月八日以後，陳儀確定中央派來的援軍已出發來台之後，他立刻翻臉改口，宣稱「處理委員會」的要求已幾近「叛亂」，是「非法組織」，乃採高壓手段。

　　這次中共當局處理北京的學生運動，初期官方也會見學生代表，李鵬探視絕食的學生，並否認說過學生運動為「動亂」，

可是等到「解放軍」齊集北京後，鎮壓「動亂」的行動就開始了。

大屠殺的美麗說詞

二二八事件中，陸軍整編第二十一師抵台後，陳儀廣播宣稱：「我此刻以十二萬分的誠意告訴最大多數的善良同胞，我的宣布戒嚴，完全為了保護你們，你們千萬勿聽奸人的謠言……，對於守法的同胞，絕不稍加傷害。……我的再宣布戒嚴，完全為了對付絕少數的亂黨叛徒，他們一天不消滅，善良的同胞一天不得安寧。」（見一九四七年三月十一日《台灣新生報》）這種句型，在天安門事件中，也重新拷貝了一次。試看中共戒嚴當局採取軍事鎮壓所宣佈的理由：「為了維護已經受到威脅的人民的財產，為了國家和民族的根本利益，執行戒嚴任務的部隊在忍無可忍的清況下，被迫依法採取了堅決的措施，嚴懲一小撮反革命暴徒……」、「黨和政府堅決保護廣大青年學生的愛國熱情，對於煽動和製造動亂的極少數人，必須堅決予以揭露。」

對學生的集體屠殺

二二八事件中，有許多大學生和中學生出面參加會議，或組成治安維持隊，維持治安。因此，在大屠殺來臨後，許多學生慘遭集體殺害。例如三月八日到九日早上，許多在圓山附近維持治安的學生被屠殺，屍體投於圓山之下。基隆地區有青年學生二十人被軍隊割去耳鼻及生殖器，然後用刺刀戳死。據台灣旅滬六團體的報告，當時被殺害之人民以青年學生為最多。

這次天安門前的大屠殺，也是學生死得最多。「解放軍」在消滅那些中了「西化思想毒素」的學生，與當年國民黨軍隊在消滅那些具有「日本思想遺毒」的學生，其心態與性質並沒有什麼不同。

槍斃人犯示眾的手法

二二八事件時，許多被認定為叛徒亂黨的人，動輒就當眾處決。例如，台南市的湯德章律師，在台南市的民生綠園遭槍斃示眾。畫家陳澄波、醫師參議員潘木枝、盧鈵欽、柯麟等人，被綁赴嘉義市火車站前槍決。台南縣商會理事長黃媽典也在新營當眾槍決。

我們看這次天安門事件，槍決人犯也是在數千人圍觀下進行，這種「殺雞儆猴」的作法，是專制統治者的手段。

對知識分子的迫害

陳儀當年借用軍事鎮壓的餘威，整肅了一批他視為眼中釘的知識菁英。像林茂生、施江南、陳炘、阮朝日、王育霖、宋斐如、張七郎、林連宗、吳鴻麒……等高級知識分子，都在沒有參加任何暴動之下被捕遭難。

這次天安門事件後，中共當局也通緝許多沒有參加暴動的知識分子，像方勵之、嚴家其、湯一介、陳一諮、蘇曉康、包遵信……。所不同的是，大陸的知識分子比較了解中國的政治，因此有多人避難得及。而當年台灣的知識分子，不了解「祖國」的政情，因此也就在自以為沒犯錯的情況下，乖乖就逮遇害。

事件後的大逮捕

二二八事件經過軍事鎮壓後，陳儀隨即展開所謂「清鄉」行動，大肆逮捕「惡人」。三月三十日，陳儀發出「為實施清鄉告民眾書」，謂：「這次由亂黨叛徒所造成的暴動，使社會秩序一時陷於混亂，善良人民都蒙受有形無形的損失，回想起來，實在痛心。現幸國軍抵達以後，亂黨叛徒聞風匿散，社會秩序已經恢復。但政府為了保護善良人民維持全省治安，徹底肅清惡人起見，決定實施清鄉，使少數的亂黨叛徒，無法匿避……」。陳儀這份中日文對照的文告，要求民眾要「交出武器」「交出惡人」，因此，台灣在事件後，進入白色恐怖時代。

今天的中共，在天安門事件後，也一樣進行大逮捕，並且裝設檢舉專線電話，要民眾檢舉「惡人」。其手法及說詞與二二八時代完全一樣。

計算死亡人數的偏頗態度

二二八事件後，官方發佈的死傷人數，只計算軍警公務人員的死傷數目，或是把人數極力縮水，以致至今二二八的死亡人數仍是個謎。

中共當局發佈的這次事件的死傷人數，也一樣只計算軍方的死傷，「我們一家都是人」，別人死的都不算。

看過四十二年前的「歷史傷口」，再看看今天的「歷史傷口」，極其相似。不要以為搗上耳朵，矇上眼睛，就可以聽不到、看不見。喜歡耍槍桿的統治者，以及喜歡耍嘴皮的大官虎，不要搗耳朵和矇眼睛了！

■ 走入悲情

原載二〇〇一年八月二十一日《新台灣週刊》

　　二戰後，台灣人民在經過熱烈歡迎「祖國」的狂熱之後，從歡欣到失望，從失望到絕望，終而爆發了一場政治風暴，引來了一場腥風血雨的屠殺。

　　一批台灣的社會菁英，在這一場政治整肅當中喪命。如果當年他們能假以一個正常的國度，他們之中足以組成一個堅強的內閣。可惜，他們卻為病態的中國政治文化做了註腳——「此物成材也，不得享天年」。

　　二二八的陰靈來不及揮去，五〇、六〇年代的「白色恐怖」卻接踵而來。成材的菁英，依然不得享天年。多少英靈消失，多少青春耽誤，多少家庭破滅，多少幸福斷送……。

　　從二二八到白色恐怖，高壓的政治致使菁英殆盡，劫後餘生者也成驚弓之鳥，正直者多退隱迴避，不再與聞政治，於是一些投機政客、大商巨賈、地方角頭、地痞流氓紛紛上場，與政權當局掛勾。「黃鐘毀棄，瓦釜雷鳴」。原來，黑金政治非一朝一夕之故。

　　七○年代以降，民主運動的浪潮衝激著外來統治者，然而在民主改革的路途上，依然血淚斑斑，……不死心的部份台灣人在政治黑夜中企盼黎明的曙光，可是有不少人卻已經在統治者的國家機器下接受洗腦，習慣統治者的價值標準，而忘卻了台灣過去的苦難；新生的一代，在以中國中原為座標的思考下，更是對台灣過去的辛酸血淚一無所知，無動於衷。

　　時序進入九○年代，台灣有了民主轉型的契機，起碼的自由人權已經有了成果，可是基本的公義是非卻混沌不清。過去專門迫害民主運動、蹂躪人權的人，竟然以「改革者」的姿態出來競選總統；將公款存入自己兒子和親屬帳戶的人，在東窗事發之後，竟然可以反過來罵別人抹黑他，是在對他實行「白色恐怖」；不斷匯錢到國外，在美國購置房產給兒子的人，竟然還高喊「打拼為台灣」。這樣的人物，竟然還有不少人在支持。這個社會的是非在哪裡？

　　與其說這個社會沒有「是非觀」，毋寧說是沒有「歷史感」。沒有歷史感，就沒有心要對歷史負責，只在乎自己的既得利益，只貪圖目前的安逸享樂。

　　時值二二八紀念日，又會聽到有人呼籲我們要「走出悲情」。在經過五十多年的統治機器的洗腦，今天台灣這個社會上充斥著醉生夢死、貪生怕死、麻木不仁、是非不分的人，他們何嘗知道什麼是悲情？二二八對他們只是一個無聊的數字而

已，尤其是越來越功利的年輕人，過慣了安逸的生活，他們才不在乎前人的辛酸血淚，也不知道台灣的苦難歷史，他們欠缺的正是悲情，如何叫他們走出悲情。

在這個台灣苦難歷史的紀念日，我們不但不該走出悲情，我們要呼籲年輕人走入悲情，體會台灣歷史的辛酸血淚、奮進掙扎，因為悲情可以讓我們社會激發向上的動力。

■二二八事件是不
是一場台灣獨立運動？

　　二二八事件爆發後，從社會運動的角度觀察，事件發生當中，可分為兩條路線在同時進行：一為政治交涉路線，另一為武裝抗爭路線（學者陳儀深稱之為「建軍路線」）。前者係以各級民意代表及社會名流為主體所組成的「二二八事件處理委員會」，與行政長官陳儀展開談判協商；後者則是若干民間力量收繳槍械，組織民兵，試圖以實力進行抗爭。前者的「二二八事件處理委員會」普遍在全島各縣市都有設立；後者的武裝力量，則只局部性地出現，如台中、嘉義、斗六、高雄、花蓮幾處。以下試分別從這兩條路線來了解其訴求，檢視其是否提出台灣獨立的主張。

　　先就政治交涉路線來看，儘管後來「二二八事件處理委員會」被陳儀指為叛亂組織，然而他們自始至終的表現及言論，仍以大中國為認同對象，並沒有提出台灣獨立的訴求。試先以三月六日「二二八事件處理委員會」發表的〈告全國同胞書〉來觀察，該會在〈告全國同胞書〉中，明白提到：

　　「親愛的各省同胞，這次二二八事件的發生，我們的目標在肅清貪官污吏，爭取本省政治的改革，不是要排斥外省同胞，

我們歡迎你們來參加這次改革本省政治的工作，以使台灣政治的明朗，早日達到目的，……我們同是黃帝的子孫，漢民族，國家政治的好壞，每個國民都有責任，大家拿出愛國的熱誠，和我們共同推進……我們的口號是：改進台灣政治！中華民國萬歲！國民政府萬歲！蔣主席萬歲！」（詳見一九四七年三月七日《台灣新生報》）

此文告發布後的翌日，該會通過三十二條（後來外加十條）的處理大綱，提出政治改革的具體要求。這四十二條的要求，雖然被視為「叛國」的證據，然而以今日之標準，實在看不出有「叛國」、「叛亂」的意味。在大前提下，他們仍認同整個中華民國的大體制，況且，四十二條要求的主要起草人，是以王添灯及其身旁的《自由報》左翼人士（如潘欽信等）為主，他們此時已無台獨思想，而王添灯本人也有明顯的反台獨態度。（詳見藍博洲，〈永遠的王添灯〉，《幌馬車之歌》）足見四十二條的態度，並未逾越大中國的雷池。學者陳芳明曾指出：「處理大綱的四十二條要求，代表了戰後以來台灣知識分子追求自治的總表現。」（詳見陳芳明，〈戰後初期台灣自治運動

與二二八事件〉）所以充其量，他們只有自治的要求，而無台灣獨立的主張。

至於武裝抗爭的路線，因各地的民軍彼此不相隸屬，訴求也不盡一致，所以不能一概而論。然而，「擁有武裝實力以增加談判籌碼」之說，似乎普遍存在。試以台中地區由青年學生所組成的「二七部隊」為例來看，目前極力主張台灣獨立的當年「二七部隊」隊長鍾逸人，回憶當年建軍的目的說：

「我們的目標為愛爾蘭模式的最高自治。」、「希望他們（按：指國府）能准許我們像英國的愛爾蘭那種地位給我們，內政、教育、建設、治安，統統由我們台灣人自己來，其餘仍由他們，為此我們更需要有自己的軍隊。即使僅僅為了保衛家鄉，我們也不能沒有武裝部隊。」、「我們如不能完成建軍計畫，則到時候我們的政治訴求——希望國府准許台灣成為愛爾蘭之於英國的理想，又將依憑什麼做籌碼？」（詳見鍾逸人，《辛酸六十年》（上），頁六百六十一、四百六十五、四百九十二）

而當時在台中組織「人民協會」，並試圖掌握「二七部隊」的前台共領袖謝雪紅也說：「我們六百萬省民，為了爭取台灣的真正自治，掃清貪污，改革政治，現在全省人民已決意武裝起來，向這個獨裁政府宣戰……」（詳見林木順，《台灣二月革命》，頁六十六）

其他如張志中所組的「自治聯軍」，顧名思義，也以高度

自治為訴求。

　　足見，這種武裝行動在國家認同上，僅止於高度自治，尚未提升到台灣獨立的要求。誠如學者陳芳明指出，在二二八事件中，「即使是最激烈的政治團體，在抗爭中仍然還是回歸到自治運動的精神指導之下。」（同前陳芳明引文）

■二二八的現在進行式與過去式

原載二〇一九年十一月二十一日《蘋果日報》

　　香港爭自由的「反送中」運動，就港府公布的資料，僅從六月到九月的兩個月內就有兩百五十六件「被自殺」、兩千五百三十七具屍體！（這數字是否精確，待查）。媒體（當然不是親中媒體）形容「海上浮屍雙手被綑，口封膠紙」、有的「腰部斷為兩截」、「手腳被綁膠帶」、「墜樓無血、無巨響」的「被自殺」……。這種慘狀像極了台灣一九四七年的二二八事件。

　　香港自回歸中國至今日的處境，也與台灣戰後「回歸祖國」而至爆發二二八事件的歷史型模極為類似。

　　香港回歸中國的前一年（一九九六年）的二二八紀念日前夕，一位來自香港的記者陳小姐到我研究室採訪我。經過一個多小時有關二二八專題的訪談之後，陳小姐問我最後一個問題：「依你看，香港回歸中國之後，會不會發生像台灣的二二八事件？」這位高水準的香港記者，不僅懂得「歷史是現在與過去的不斷對話」，而且她要讓香港人來照照台灣的歷史鏡子。

　　於是我讓「台灣歷史」與「香港現狀」對話，我當時回答：「香港與中國大陸在生活水準及價值觀念上，差距很大，這種情形就類似二二八事件前台灣與中國之間的差距極大一樣。若從這個歷史型模來看，香港被併回中國之後，很可能會像當年台灣在『回歸祖國』之後一樣，倒退了三十幾年。不過是否必然發生類似二二八的慘案，我不敢說。主要的不同因素是，今天香港人與當年台灣人的心理背景不同。當年中國政府接管台灣之前，一般台灣人對中國充滿期待與歡迎，但卻對中國相當不了解；今天香港人剛好相反，香港人並不對中國抱太大希望，但對中國卻是相當了解。當年台灣人希望落空之後，心理打擊很大，反彈也大；今天香港人不抱希望，也就不會失望。總是，香港一定要慎防回歸後的一切逆退現象……。」

　　回歸後的香港，逆退現象果然開始出現，不僅民生物資遭「蝗蟲過境」般搜刮，不僅公共秩序與衛生被破壞，司法、人權開始受到染指，書商失蹤、律師被捕……。

　　二〇〇二年到二〇〇三年之間香港特區政府曾擬根據香港基本法第二十三條，訂定禁止所謂「叛國、分裂國家、煽動叛亂、

顛覆中央政府及竊取國家機密⋯⋯」的法律，引起香港五十萬人在七月一日回歸紀念日走上街頭示威抗議。那一次雖然阻止了這條惡法的通過，但這次以北京馬首是瞻的港府又要通過「送中」條例，讓已經遭蹂躪的香港司法更加遭摧殘，讓「一國兩制」徹底破產！港人的自由人權勢必更無保障，兩百萬愛自由人權的香港人民終於忍無可忍，掀起「反送中」運動，一波一波的運動自六月持續至今，也引發港警（奇怪！平常講廣東話的港警，怎麼忽然有許多人操普通話？）的鎮壓兼屠殺！

台灣在「回歸」後經歷一年四個月就爆發二二八事件，引來血腥屠殺；香港在「回歸」之後，雖然怨聲載道，小規模示威不斷，但總算忍耐了廿二年，終於引爆這次大規模的抗暴事件，也引來了殘酷的殺害！

記得兩年前為了慶祝香港回歸廿週年，中國開出「遼寧號」航空母艦來耀武揚威，先繞過台灣，最後開到香港。香港人、台灣人所期待於中國的，並非這套「武功蓋世，聲威遠播」的傳統霸權，而是民主制度、自由價值、人權保障。

二二八對台灣已成過去式，但是在香港卻是現在進行式。二二八的歷史幽靈，會不會再降臨台灣？明年一月的大選，我們要用選票決定！請台灣人多看歷史的殷鑑，照照香港的鏡子，不要一天到晚只空想「發大財」。

■二二八與武肺，誰之過？

原載二○二○年二月二十九日《自由時報》〈自由廣場〉

　　戒嚴末期，台灣人開始挺身要追談二二八事件的歷史，國民黨統治當局只好把釀成二二八的原因歸咎於「台灣人受日本奴化教育」和「受共匪蠱惑」的影響。

　　近年來，台灣內部有一小撮認同專制中國的中國人，也開始為二二八的歷史翻案，但不敢得罪對岸的主子，以前「受共匪蠱惑」之說不講了，但竟然可以把二二八事件說成是「日本人的陰謀」。當時日本早就離開台灣一年半了，日本竟然有能力在離開台灣之前設計陰謀，好讓一年半後爆發二二八事件。（這簡直是在吹噓日本的厲害？）

　　數年前，馬英九也承認當年確實有「官逼民反」的現象，但近年這群在台中國人竟然可以將二二八事件說成是「民逼官反」，錯的是「暴民」鬧事。他們忘了一年多前這群「暴民」還在迎接「祖國」，慶祝「光復」。

　　要反駁他們的謬論很簡單，只要問：既然二二八事件是日本的陰謀，是「民逼官反」，為何國民黨一直掩蓋二二八的歷

史那麼久，不許人民談論？是在幫日本掩飾罪行嗎？是擔心「暴民」的「惡行」昭彰嗎？

中國人為何老是學不會自我反省？老是顛倒是非而不知其自害？

看看這次中國武漢肺炎疫情，疫情源自武漢，殃及全球。但是中國的媒體（說「媒體」是好聽，其實是「中共傳聲筒」）竟然可以說成他們中國才是真正的「受害人」！！！！（這種因果顛倒、是非錯亂的話講得出來，多加幾個驚嘆號！！）

中國人真的永遠學不會自我反省嗎？永遠都是錯在別人嗎？我看也不全然如此吧？拙著《二二八前後中國知識人的見證》裡面收集的史料，全都是當時中國知識分子的良心見證。今天武漢肺炎疫情之中，也有少數人挺身出來批判中共當局，甚至因此有人支持香港獨立、台灣獨立、西藏獨立，別受中國拖累。只怕他們講完真話之後就消失了！

代總結

◎ 二二八與台獨

■二二八事件與台獨

　　曾聽到自以為開明的「統」派人士說：「我們要撫平二二八事件的歷史傷口，化解省籍歧視，才能消解台獨的思想。」言下之意，認為今天的台獨思想，是因為二二八事件而起，所以要先解除二二八情結，才能消止台獨思想。這種觀念，只知其一，不知其二。到底，打開二二八情結，是否就必須消弭台獨思想？要解答這些問題，必須要先釐清台灣歷史上，各個不同階段的台灣獨立運動的不同背景與內涵，才不致於將二二八事件與台灣獨立的關係過份簡化，以至失去二二八事件的歷史教育的意義。

　　在二二八事件之前，台灣歷史就出現過「台灣獨立」的訴求與運動。

　　一八九五年馬關條約割讓台灣給日本時，曾出現「台灣民主國」獨立抗日，但年號「永清」的台灣民主國，其實不能算是一次真正的台灣獨立運動，而是清朝官吏打出的「台灣牌」。誠如黃昭堂教授所言：「台灣民主國建國的目的，在於阻止日本對台灣的佔領，建國只是抗日的一種手段……。」也誠如美籍歷史學者 H.J.Lamley 所指出的，台灣民主國「非革

命、非獨立、非真民主」。

　　一九二八年四月，謝雪紅、林木順、翁澤生、潘欽信等左翼運動人士在上海成立台灣共產黨。其〈政治大綱〉第二條是「台灣人民獨立萬歲」、第三條是「建立台灣共和國」。他們明白揭櫫「台灣民族」的觀念：「所謂台灣民族就是由這些中國南方移民渡台後結合形成的」。綜合三百多年的歷史發展，「台灣民族就是經過這種歷史階段，以及特殊的經濟發展過程而成形的。」所以台共可以說是日治時代明確主張台灣獨立的團體。

　　一九四五年八月十五日日本天皇宣佈投降後，在台日本少壯軍人不甘投降，乃擬訂「台灣自治草案」，於十六、十七日邀集台籍士紳辜振甫，轉商於許丙、林熊祥等人在草山（今陽明山）會商，欲謀台灣獨立。後因總督安藤利吉制止，未付諸行動。

　　由上可見，在二二八事件之前，歷史上早就有台灣獨立運動，惟時代背景、獨立對象與獨立動機各有不同。所以，「台獨係因二二八而起」之說，恐非周延的陳述。

　　但二二八事件確實也激發新的台獨運動，有其新的內涵。

　　二二八事件引來一場大整肅，許多知識分子亡命海外。這些亡命海外的知識分子，在國家的追尋上，分成兩個路線發展：其一是，部分知識分子開始尋求台灣的獨立自主，先後在日本、美歐組成台灣獨立團體；另一條路線是，部分社會主義者則投入中國大陸，並於一九四九之後，加入紅色中國的陣營。前者以廖文毅為代表，後者可以謝雪紅為代表。他們兩者在台灣獨立的主張上面，恰好因為二二八事件的發生而產生一百八十度的轉變與易位。

　　廖文毅原無台獨思想，戰前還回「祖國」任教，二戰後，國府接收台灣，出任東南長官公署工礦處簡任技正兼台北市工務局長及工礦處接收委員。二二八事件爆發時，他正在「祖國」考察，卻以「內亂」罪遭通緝，因而亡命香港，最後轉往日本，原先主張「託管論」，之後才標舉台灣獨立。於一九五五年及一九五六年先後在東京成立「台灣共和國臨時議會」及「台灣共和國臨時政府」，有許多不滿國民黨政權而流落海外的知識分子紛紛投入其陣營。

　　一九六〇年代以後，在日本的台灣獨立運動組織逐漸分歧發展，而國民政府也展開策反運動。一九五六年五月四日廖文毅接受國民黨政府的遊說，放棄在日本的台獨運動，回到台灣。廖文毅返台後，台獨的大本營也逐漸從日本轉到美國。

　　台灣獨立運動隨著留學生的激增而擴展到美國、加拿大及

歐洲。許多團體相繼出現，如「全美台灣獨立聯盟」、「歐洲台灣獨立聯盟」、「在加（加拿大）台灣人權委員會」等。進入七○年代，分布在日本、美國、歐洲地區的部分台獨組織聯合組成全球性的「台灣獨立聯盟」（總部設於美國）。一九七九台美斷交後，又有許多其他組織出現，這些團體組織，在海外發行刊物，鼓吹台灣獨立。並建立國際關係。

　　二二八事件之後在海外興起的台灣獨立運動，出現多種不同解釋的「台灣民族論」，不過他們的共同點是，有明顯對「在台大陸人」（俗稱「外省人」）的排斥，而獨立的對象，也以在台的國民黨政府為目標，志在推翻國民黨的統治。一九七○年代中葉，獨立運動陣營開始接受「在台大陸系人」，而產生新的觀念，認為「不管出生何地，不管何時來台，凡是認同台灣的，都是台灣人。」黃昭堂將這種台灣人觀念命名為「無差別認同論」。

　　海外的台灣獨立運動，對島內的政治發揮著衝擊的作用。島內的民主運動雖不敢公開訴求台灣獨立，卻仍有一些有志之士倡言獨立建國，例如一九六四年彭明敏、謝聰敏、魏廷朝的〈台灣人民自救宣言〉提出「一中一台」、「不分族群」，「重新制憲」，「加入聯合國」的主張，旋遭蔣氏政權逮捕。

　　一九七二年元月，來自中國浙江的雷震，在坐滿十年政治獄之後，上書蔣介石總統提出〈救亡圖存獻議〉，主張更改國

號叫「中華台灣民主國」，他直言說：「我們今天統治的土地，本來叫做『台灣』，今將『台灣』二字放在國號裡面，那就不是神話了……我們以台灣地區成立一個國家，乃是天經地義、正大光明之事……」

一九七七年八月十六日，擁有一百多年歷史的台灣基督長老教會，在美國國務卿范錫訪問北京的前夕，發表〈人權宣言〉，呼籲「政府於此國際危急之際，面對現實，採取有效措施，使台灣成為一個新而獨立的國家。」

一九七九年底美麗島事件之後，「黨外」運動明確提到「自決」的主張（一九三年的增額立委選舉，「黨外」的共同政見是「民主、自決、救台灣」），一九八七年，民主進步黨成立後，提出的共同政見第一條即說：「台灣前途應由台灣全體住民，以普遍且平等方式共同決定。」此後，主張台灣獨立的聲音，在島內漸漸浮出台面。一九八七年八月三十日，在「台灣政治受難者聯誼會」成立會上，蔡有全、許曹德主張明白揭櫫「台灣應該獨立」而遭逮捕判刑，引起民眾示威抗議，並提出人民有主張台灣獨立的言論自由。一九八八年，民進黨「四一七決議案」提出「四個如果」，有條件地主張台灣獨立。

一九八九年，有兩件事件的發生，刺激台灣獨立言論的高昇及其支持者的增加。其一是「外省籍」的台灣獨立主張者鄭南榕的自焚事件；另一件大事是，中國北京發生六四天安門事

件，中共軍隊對天安門前爭取自由民主的學生民眾展開血腥屠殺。鄭南榕的自殺，刺激許多人去思考台灣獨立的問題；六四天安門的屠殺，使得許多台灣人民對中共政權益感疑懼，對「統一」更加憂心。

時序進入一九九○年代，公開主張台灣獨立的言論及團體大增。上百名大專院校的教師組成「台灣教授協會」，公開提出「台灣主權獨立」的宗旨。一九九○年十月十二日民進黨通過決議案，提出「事實主權」的認定，確認「我國事實主權不及於中國大陸及外蒙古」。一九九一年的九八大遊行，提出加入聯合國的主張。「台灣」的國號以及憲法草案，也經由民間的制憲行動而提出。一九九二年三月八日，一群中小學教師組成「台灣教師聯盟」，深入台灣各鄉鎮宣揚台灣獨立建國理念。同年的八月二十三日，廖中山、張忠棟、郭樹人、黃秀華、陳師孟等約六十餘名所謂「外省人」，成立「『外省人』台灣獨立協進會」，表示在台灣獨立建國的行列裡，「外省人」不該缺席。

一九九九年七月九日，總統任期只剩下九個多月的李登輝，在接受「德國之聲」記者的訪問，回答有關台灣獨立問題的時候表示，自一九九一年修憲之後，我國政府統治的正當性就只有來自台灣人民的授權，與中國人民無關。兩岸關係是特殊的國與國關係。

　　總之，從整個台灣獨立運動史的觀點來看，二二八事件之前，早就有台灣獨立運動的史例，只是各階段的台灣獨立的主張，各有不同的內涵和動機。不過，二二八事件的發生，讓許多台灣人「祖國夢碎」，使得台獨運動進入新的階段。

　　二二八確實使得原本就有摩擦的所謂「省籍情結」籠罩了一層陰影。但是，五十多來，隨著台灣社會的變遷、文化的交融、工商的發展，生活水準的提昇，政治風氣的日漸開放，台灣島內的各族群之間的距離逐漸拉近，使得二二八事件之後以推翻國民黨政府為目標的台獨運動作了大幅度的修訂與改變。而另外一種新的獨立思想，則由於對岸共產中國的對台野心，應運而生。四十年來台灣的所有住民，不論是任何族群，為了抵制共產中國極權政治的侵略，全體住民凝聚成「台灣命運共同體」，建立一個獨立於中共政權之外的主權國家，這是現階段的台灣獨立的意義。

　　了解了台灣歷史上不同階段的台獨的背景與內涵之後，我們實在不必要把「解開二二八情結」、「撫平二二八傷口」的事題，與「消止台獨思想」視為因果關係。「消止台獨思想」不但不是「撫乎二二八傷口」的函數，相反的，許多人從二二八的歷史中記取歷史的教訓：二二八的慘案，正是當年海峽兩岸，經過長期的不同歷史發展之後，兩個體質不同的社會「統一」產生的後遺症。今天，海峽兩邊的這兩個社會，又明顯呈現出相當的差異，如果不幸對岸那個人權低落、法治不彰的政權，

又要跨海「統一」台灣，不免讓許多人擔心二二八事件的歷史模式是否又會重現？

　　從歷史潮流的發展來看，台灣海峽兩邊發展成兩個國家乃是歷史時勢使然。這兩個國家理應建立起兄弟之邦的情誼，相互提攜、共創雙贏；而台灣內部族群之間，理應逐漸形成台灣命運共同體，成為建構台灣的國民主義（Nationalism）的基礎。在走出二二八的陰影之後，撫今追昔，台灣全體人民應該有共同的方向。

遠景叢書 209

快讀 228 —— 二二八短論集

作　　者	李筱峰

發 行 人	葉麗晴
副總編輯	廖淑華
編輯主任	柯秦安
執行編輯	于子晴
美術設計	王英姝
校　　對	李筱峰、于子晴

創 辦 人	沈登恩
出版發行	遠景出版事業有限公司
郵政劃撥	07652558
地　　址	新北市板橋區松柏街 65 號 5 樓
網　　址	www.vistaread.com
電　　話	02-2254-2899
傳　　真	02-2254-2136

總 經 銷	紅螞蟻圖書有限公司
電　　話	02-27953656

增訂一版	2024 年 2 月
I S B N	978-957-39-1200-2
E I S B N	978-957-39-1201-9
定　　價	新臺幣 320 元整

國家圖書館出版品預行編目 (CIP) 資料

快讀 228：二二八短論集 / 李筱峰著 . -- 增訂
一版 . -- 新北市：遠景出版事業有限公司，
民 113.02　面；　公分 . -- (遠景叢書；209)
ISBN 978-957-39-1200-2(平裝)
1.CST: 二二八事件 2.CST: 文集

733.291307　　　　　　　　　112021616

行政院新聞局登記證局版臺業字號第 0105 號

VISTA
PUBLISHING

VISTA
PUBLISHING

VISTA
PUBLISHING

VISTA
PUBLISHING